Anti-Stress-Trainer

Reihe herausgegeben von
Peter Buchenau
The Right Way GmbH
Waldbrunn, Deutschland

Stress ist in unserem Privat- und Berufsleben alltäglich und ist laut WHO die größte Gesundheitsgefährdung im 21. Jahrhundert. Die durch Stress verursachten Krankheitskosten erreichten bereits jährlich die Milliarden-Euro-Grenze. Jeder Mensch ist aber verschieden und reagiert unterschiedlich auf Stress. Als Ursache lässt sich Stress nicht einfach und oft erst spät erkennen, sodass Prävention und Behandlung erschwert werden. Die Anzahl der durch Stress bedingten Erkrankungen nimmt folglich weiter zu, Ausfälle im Berufsleben sind vorprogrammiert. Die Anti-Stress-Trainer-Reihe setzt sich mit dieser Thematik intensiv in einem beruflichen Kontext auseinander. Initiator Peter Buchenau gibt Experten aus unterschiedlichen Branchen die Möglichkeit, für Ihr jeweiliges Fachgebiet präventive Stressregulierungsmaßnahmen unterhaltsam und leicht verständlich zu beschreiben. Ein kompaktes Taschenbuch von Profis für Profis, aus der Praxis für die Praxis. Leserinnen und Leser, egal ob Führungskräfte, Angestellte oder Privatpersonen, erhalten praxiserprobte Stresspräventionstipps, die in ihrem spezifischen Arbeits- und Lebensumfeld eine Entlastung bringen können.

Weitere Bände in dieser Reihe http://www.springer.com/series/16163

Stefanie Lehmann

Übungsbuch zum Anti-Stress-Trainer für Fernstudierende

Mit Beiträgen von Peter H. Buchenau

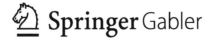

Springer Gabler

Stefanie Lehmann
Paderborn, Deutschland

Ergänzendes Material zu diesem Buch finden Sie auf http://www.springer.
com/9783658307240

Anti-Stress-Trainer

ISBN 978-3-658-30724-0   ISBN 978-3-658-30725-7 (eBook)
https://doi.org/10.1007/978-3-658-30725-7

Die Deutsche Nationalbibliothek verzeichnet diese Publikation in der Deutschen
Nationalbibliografie; detaillierte bibliografische Daten sind im Internet über http://
dnb.d-nb.de abrufbar.

Springer Gabler ist ein Imprint der eingetragenen Gesellschaft Springer Fachmedien
Wiesbaden GmbH und ist ein Teil von Springer Nature.
Die Anschrift der Gesellschaft ist: Abraham-Lincoln-Str. 46, 65189 Wiesba-
den, Germany

Es gibt immer noch mindestens einen anderen Weg. (Dr. Alexander S. Strassburg)
Deine Floskel ist zu meinem Axiom geworden.

Geleitwort von Prof. Dr. Andrea Hüttmann

Sie suchen eine Anleitung für eine herausfordernde Lebenssituation? Sie möchten Ihren Bachelorabschluss in einem Fernstudium erlangen? Dann ist dieses Büchlein genau das richtige für Sie. Warum? Erstens wegen seines überzeugenden Inhaltes und zweitens wegen seiner Autorin, die ihr Know-how und ihre erfolgserprobten Erfahrungen für Sie niedergeschrieben und sortiert hat und zugleich bei jedem, der ihr begegnet, eine nachhaltige Wirkung entfaltet. Stefanie Lehmann ist das, was man im klassischen Sinne eine Powerfrau nennen würde. Wer sie kennenlernt, merkt jedoch schnell, dass man ihr mit diesem Begriff nicht gerecht wird. Sie ist mehr als das – sie entzieht sich jeglicher Stereotypisierung, ist erfrischend anders, geradezu irritierend entschlossen und vor allem eines – energiegeladen. Lassen Sie sich anstecken von der Dynamik, Zielorientierung und kompromisslosen Haltung dieser erstaunlichen Frau, an deren Erfolg niemand mehr zweifelt, der ihr begegnet! Herzlichen Glückwunsch, liebe Stefanie Lehmann! Gutes Gelingen bei Ihrem Vorhaben, liebe Leserinnen und Leser!

Professor Dr. Andrea Hüttmann, Vizepräsidentin der accadis Hochschule Bad Homburg

Geleitwort von Prof. Dr. Harald Rau

Eigentlich wollte ich nur mal schauen, doch nun hat sie es doch wieder geschafft und ich habe mich hineingelesen, habe die kreativen Überschriften im Inhaltsverzeichnis mit einem Schmunzeln durchgesehen und mir insgeheim gedacht: Da hat jemand sich verändern lassen und den Türöffner zum Werk, das Inhaltsverzeichnis, sehr sorgfältig abgestimmt, hat ihn ganz am Ende des Arbeitsprozesses erst „poliert", aufbereitet, schöpferisch geformt und damit eine der vielen Regeln aus dem „Writing Code" nachgerade vorbildlich umgesetzt! Und: Es hat funktioniert, ich bin drangeblieben, habe Neues entdeckt, mich führen lassen und meine eigenen, geübten Routinen infrage gestellt, Lust bekommen, gleich das eine oder andere auszuprobieren – in die Tat, ins Handeln zu überführen. Mehr kann ein Buch nicht erreichen! So gesehen, ist das vorliegende Werk von Stefanie Lehmann ein Geschenk. Vielleicht mögen Sie sich auch daran gewöhnen, alles, was Ihnen dabei hilft, Gewohntes infrage zu stellen, als Geschenk zu begrüßen. Das wäre dann auch einer der ersten Schritte auf dem Weg lebenslangen Lernens, um eine viel bemühte Vokabel hier ebenfalls aufzugreifen. Wenn Sie bereits in ein Fernstudium eingestiegen sind, erzähle ich hier vermutlich nichts Neues. Deshalb, genug davon.

Haben Sie es gemerkt? „Ich habe mich hineingelesen" heißt es im ersten Satz dieses Geleitwortes, das ist etwas anderes, als „ich habe hineingelesen". Das Reflexivpronomen sorgt für einen durchaus bemerkenswerten Unterschied. Es ist hier der Ausdruck für ein „Sichgefangennehmenlassen", für ein holistisches Einlassen. Es ist diese nur scheinbar kleine semantische Abweichung, die alles auf den Kopf stellt. Möglicherweise brauchen Sie als Fernstudentin oder Fernstudent genau diesen kleinen Unterschied, um Ihr großes Projekt erfolgreich abzuschließen. Ich bin überzeugt davon, dass Motivation und wie wir uns dazu verhalten, keinesfalls zwingend genetisch bestimmt ist. Jeder Mensch kann auf (s)eine Grundmotivation vertrauen, und das große Abenteuer Leben zeigt uns jeweils sehr individuell, wie und wo wir diese finden können. Man muss eben nur genau hinhören.

Wenn ich hier etwas sehr Persönliches anmerken darf: Ich habe in meinem Leben unzählige Menschen kennengelernt, die gegen ihr eigentliches Talent gearbeitet, gelernt, studiert haben. Das macht das Leben anstrengend, mühsam und reich an Frustrationen. Aber offenbar zählt es zu den herausforderndsten Aufgaben des Menschseins, sein inneres Talent zu erkennen, sich auf die eigene Intuition zu verlassen, dem individuell ausgelegten Weg zu folgen, wenn im gleichen Moment die Vertreter der „Peergroup", die möglicherweise nur vermeintlich freundlichen, viel eher sich vor der eigenen Unsicherheit verbergenden Ratgeber und Beeinflusser (vulgo: „Influencer"), und wenn die gesellschaftliche Nomenklatura Regeln und Glaubenssätze vorgibt, wie Lebensläufe zu gestalten, Bildungswege zu durchlaufen sind. Die Orientierungslosigkeit ganzer Generationen könnte man auf diese Weise als durch den jeweils individuell zu beschreibenden Verlust der inneren, auf die Talente verweisenden Stimme induziert fassen. Es ist das Drama des 21. Jahrhunderts.

Im gleichen Moment können wir diese Erkenntnis jedoch umwidmen und nutzen: Wem es gelingt, Inhalte, die er sich erschließen will, auf das je eigene Talent zu beziehen, weist auf diese Weise auch schweren und schwersten Lernaufgaben Sinnhaftigkeit zu und findet einen völlig neuen Lernmodus. Die Einladung bestünde also erstens darin, darüber nachzudenken, wie ich all dem, was als Aufgabe vor mir liegt, einen eigenen Sinn gebe und wie sich zweitens dieser Sinn aus einer Verbindung zu meinen Talenten erschließt. Anders formuliert: Lernen ist stets auf Selbsterkenntnis rückbezogen. Selbsterkenntnis wiederum repräsentiert die entscheidende und stärkste Kraft zur Veränderung. Logischer Argumentation folgend, können wir also sagen: Lernen bedeutet Veränderung, und, wer sich erfolgreich verändern lässt, lernt, wer erfolgreich lernt, verändert sich. Beides ist ergo nicht voneinander zu trennen, deshalb ja auch ist „Veränderungskreativität"[1] eine solch wunderbare Wortkreation. Fernstudenten[2] – so jedenfalls meine Beobachtung in den vergangenen Jahrzehnten, sind eine ganz eigene Spezies, eine Spezies zudem, die sich sehr genau mit Wunsch und Wirklichkeit möglicher Bildungswege auseinandergesetzt hat und auseinandersetzt. Regelmäßig erlebt der Lehrer hier zwar junge, dennoch aber un-

---

[1] Hier ist im Unterschied zur Verwendung durch die Autorin dieses Buches kein © gesetzt, da ich der Überzeugung bin, dass Sprache selbst nicht patentiert werden darf, da sonst Prozessqualität oder eben auch Veränderungsmöglichkeiten verlorengehen.

[2] Hier als generisches Maskulinum gesetzt, denn Fernstudierende, das Gerundium, wäre falsch. Gemeint sind Fernstudenten, die nur dann zu Fernstudierenden werden, wenn Sie aktiv studieren, also mit der Tätigkeit verschränkt sind, das Studieren jedoch ist bei Fernstudenten in ungewöhnliche und fordernde Lebenssituationen eingebettet, was Fernstudenten zumeist deutlich von Studenten an Präsenzhochschulen unterscheidet, während Fernstudierende wie Studierende allgemein durchaus ähnlich zu betrachten sein können.

gewöhnlich reife Persönlichkeiten, die dann die Prozesse der Veränderung erfolgreich durchlaufen, wenn sie sich erstens auf eine oft vollständige innere Verwandlung einlassen, wenn sie zweitens in der Lage sind, bestehende und gegen sich selbst gerichtete, häufig in früher Kindheit angelegte Glaubenssätze in positiv-motivierende Affirmationen umzudeuten und wenn sie drittens Selbstorganisationskompetenz entwickeln. Diese drei elementaren Schritte lassen sich – so paradox es klingen mag – selbst erlernen.

Eine schier unbegrenzte Fülle von Arbeitstechniken und Hilfsmitteln hierfür sind in diesem Buch zusammengetragen, das sich gleichermaßen pragmatisch wie praktisch den Herausforderungen eines Fernstudiums stellt und ein exzellenter Begleiter durch anstrengende und aufreibende Semester sein kann, in denen nicht nur das Studium, sondern das ganze Leben real ist, real sein darf. Keine der Arbeitstechniken, auch das sei angemerkt, wird Sie davor beschützen können, dass Wunsch und Wirklichkeit auseinanderdriften können, dass manchmal das Leben seine eigenen Prioritäten setzt; wenn Sie in diesen Momenten ganz bei sich sind, werden Sie auch diese Erkenntnis als großen Lernerfolg werten können. Am Ende ist Erfolg stets eine Definitionssache. Ich zum Beispiel betrachte es schon als großen, manchmal größten Erfolg, wenn es einem einzelnen Menschen gelingt, ins Anfangen zu kommen, wenn sich das Individuum eigenständig und zielstrebig dafür entscheidet, sich selbst aus der selbstverschuldeten Unmündigkeit – um die Aufklärung und damit ein altes Wort von Kant zu bemühen – zu befreien. Selbstvertrauen, Selbstdisziplin und die aus beidem resultierende und bereits erwähnte Selbstorganisation – das sind die drei Geheimnisse eines Fernstudiums, vertrauen Sie also zum einen Ihrem Talent, vertrauen Sie Ihren Fähigkeiten, dann schaffen Sie die Voraussetzung dafür, über sich selbst hinauszuwachsen, üben Sie sich zum zweiten in Selbstdisziplin, schaffen Sie Routinen, regelmäßige Abläufe, geben Sie sich klare Regeln und definieren Sie Räume, von mir aus auch Zeiträume, nutzen Sie zum dritten alle Werkzeuge, die Ihnen persönlich helfen, probieren Sie dies aus und bewerten Sie deren Leistungsfähigkeit für sich. Vertrauen Sie erfahrenen Fernstudenten, sie haben vieles für Sie schon getestet und ausprobiert, halten Sie dabei aber auch die Augen nach neuen Angeboten aus der digitalen Welt offen, ich staune regelmäßig über die vielen unglaublich guten Werkzeuge, die schon heute zur Verfügung stehen. Wenn uns die durch ein Virus ausgelöste Krise des Jahres 2020 eines lehren kann, dann das: Fernstudentinnen und Fernstudenten sind die neue Bildungsavantgarde, denn ihre segensreiche Selbstorganisationskompetenz ist für sie ja bereits eine Art Selbstverständlichkeit, sie weist sie für eine solche Einschätzung aus.

In diesem Sinne: Viel Spaß beim Lesen, Lernen und Selbstorganisieren.

April 2020   Harald Rau

Vorwort

Dieses Buch ist ein kreativer Ergänzungsband zum Praxisratgeber aus der AST-Reihe von Peter Buchenau. Beide Titel können unabhängig voneinander gelesen werden, sind jedoch kein Ersatz für ein professionelles Coaching oder eine fundierte medizinische Behandlung.

Kreativität gibt Flow, Veränderungen begleiten unser Leben. Fußballbundestrainer Joachim Löw hat die weltweite Corona-Pandemie im Frühjahr 2020 auf den Punkt gebracht

> „Die letzten Tage haben mich sehr beschäftigt und nachdenklich gestimmt. Die Welt hat ein kollektives Burn-out erlebt." Sein Schluss aus der gegenwärtigen Ausnahmesituation lautet: „Wir müssen uns hinterfragen!" (Bergmann 2020)

In Zeiten, in denen die Welt herunterfährt, habe ich mich darauf besonnen, was mir im Leben wichtig ist. Gehört ein Fernstudium, das für die Zukunft vielleicht neue bzw. andere berufliche Perspektiven ermöglicht als Teil des Lebens dazu? Pack dir auf dem Weg zum Bachelorhut neben dem Praxisratgeber und diesem Übungsbuch ein Bullet Journal als persönliches Logbuch ins Handgepäck.

Warum wechsele ich in diesem Übungsbuch zum Du? Kreative Menschen verbindet eine gewisse Vertrautheit. Mit dem Du lässt sich tiefgründiger und intensiver arbeiten. Ein förmliches „Sie" beinhaltet für mich wertschätzende Distanz. Gleichzeitig drückt es Unnahbarkeit aus. Ein kameradschaftliches „Du" schafft eine größere Bindung und baut Barrieren ab.

In fast allen Büchern, die ich lese, notiere ich Anmerkungen. Was mir albern, absurd oder falsch erscheint, streiche ich durch. Manchmal reiße ich Seiten heraus. Einigen Autoren gebe ich Feedback, sowohl positiven Zuspruch als auch gelegentlich konstruktive Kritik, sofern mir diese angemessen erscheint. Bisher war jede/r darüber dankbar. Deshalb wünsche ich mir das ebenfalls von dir. So ist es möglich, voneinander zu lernen und Schwarmwissen zu teilen.

Vielleicht hast du beim Lesen meines ersten Buches mit einem Bullet Journal begonnen? Die Technik des Übertragens und Ergänzens von Unerledigtem, die Ryder Carroll (2019) ausführlich beschreibt, hilft sowohl neue Gedanken und Ideen zu verwirklichen als auch „alte" Inspirationen nicht aus den Augen zu verlieren, selbst wenn die Zeit dafür ggf. jetzt noch nicht reif ist. Jede Idee zu skizzieren regt die Fantasie an. Schreibe sie dir auf. In diesem Buch gibt es viele Fragen, die beabsichtigen, deine Kreativität zu beflügeln und Veränderungen in Gang zu setzen. Ich verweise wie schon im ersten Titel auf „wundersamer Lektüre" – zitiert nach Ulrich Strunz (2019), um den Horizont zu erweitern.

Herzlichen Dank erneut Prof. Dr. Harald Rau für die Impulse aus dem Writing Code (Rau 2016). Den Arbeitsprozess umzudrehen und das Gesamtkunstwerk kontinuierlich und kreativ zu ergänzen generiert nach meinem Verständnis systematisches Wachstum, insbesondere beim wissenschaftlichen Arbeiten. Wie ein Puzzle füge ich neue Aspekte ins Gesamtwerk ein.

In diesem Buch erweitere ich die Idee von Prof. Hüttmann des „in großem Bogen zu studieren" (Hüttmann 2016, S. 158) auf kreative Weise und widme ihr das „ME(e/h)R" in Kap. 3. Herzlichen Dank dafür.

Fünf Seiten aus zwei Büchern haben einen Paradigmenwechsel ausgelöst. Die Essenz von Prof. Rau und Prof. Hüttmann haben nicht nur den Blick auf mein Fernstudium, sondern auf mein Leben verändert. Typisch deutsches Reglementieren sowie Formalien zum wissenschaftlichen Arbeiten kombiniert mit einer Prise Einfallsreichtum, den Mut zur Veränderung und fast grenzenloser Kreativität schließen sich für mein Verständnis nicht länger aus. Die Kombination gibt eine Menge Zündstoff für neue Ideen und weckt Veränderungskreativität©.

Literatur

Bergmann K, Deutsche Presseagentur (2020) Löws Aufruf an die Welt: „Wir müssen uns hinterfragen". Schwäbische Zeitung. https://www.schwaebische.de/sport/ueberregionaler-sport_artikel,-löws-aufruf-an-die-welt-wir-müssen-uns-hinterfragen-_arid,11201651.html. Zugegriffen am 22.03.2020

Carroll R (2019) Die Bullet-Journal Methode: Verstehe deine Vergangenheit, ordne deine Gegenwart, gestalte deine Zukunft. Rowohlt Taschenbuch Verlag, Reinbek bei Hamburg

Hüttmann A (2016) Erfolgreich studieren mit Soft Skills. Springer Verlagsgruppe, Wiesbaden, S 158

Rau H (2016) Der „Writing Code": Bessere Abschlussarbeiten in kürzerer Zeit, Bd 17. Nomos, Baden-Baden, S 152–154

Strunz U (2019) Wundersame Lektüre. https://www.strunz.com/de/news/wundersame-lektuere.html. Zugegriffen am 01.11.2019

Inhaltsverzeichnis

Über die Autorin

Stefanie Lehmann

Liebe Fernstudierende,

beim Schreiben des ersten Buches habe ich den Umfang falsch eingeschätzt. Komprimierte und gleichzeitig jedoch fundierte Information sind eine Herausforderung. Details und kreative Übungen aus dem Alltag sind Inhalt dieses Übungsbuches. Als sich im Februar 2020 abzeichnete, dass die Corona-Pandemie alle betrifft, habe ich den Fokus der Übungen tiefgründiger gelegt. Für mich steht heute mehr denn je im Vordergrund, was die Geschehnisse in der Welt ggf. mit mir zu tun haben, was sie mit mir und meinen Plänen für die Zukunft machen und welche teils weitreichenden Entscheidungen ich nun treffe.

Im Laufe des Fernstudiums habe ich Formulare gestaltet, um zu mehr Ordnung und Struktur zu finden. Dabei ist es für mich entscheidend, Zeit und die Fülle der Informationen zu kanalisieren. Zunächst habe ich gezweifelt, dass diese Formblätter auch für andere wertvoll sein könnten. Als am 18.03.2020 die Unibibliothek vor Ort ohne Vorwarnung ihre Türen bis mindestens Anfang Mai für mich schloss, wurde mir klar, wie gut ich meinen Fernstudium-Gesamtprozess strukturiert habe. Ja, ich habe mich geärgert, dass ich die Magazinbestellung, eine Vormerkung und eine Fernleihe nicht noch am Tag zuvor abgeholt hatte, doch dank umsichtiger und klar strukturierter kontinuierlicher Vorbereitung war die Lage für mich im ruhigen Fahrwasser.

Ich lasse dich mit diesem Übungsbuch teilhaben an erprobten Ideen, an Gedankengängen und kreativen Ausflügen, um deine Veränderungskreativität© zu wecken. Während meines Fernstudiums bin ich zur Technik von Prof. Dr. Harald Rau übergegangen: Ich kehrte den Arbeitsprozess um, ergänzte mein Gesamtkunstwerk kontinuierlich. Kapitelweise puzzelte ich Wissen zusammen, nicht nur, um mein Studium zu bewältigen. MEIN Bachelor bedeutet mir mehr, als bloß irgendwann in Bremen vor dem Rathaus den Hut zu werfen. Ich habe den Anspruch an mich, fürs Leben zu lernen, nicht für ein Zeugnis. Im vorliegenden Übungsbuch habe ich mich für ein wertschätzendes Du entschieden. Vielen Dank für dein Vertrauen in dieses Buch, mit dem ich deine Reise zum Bachelor- bzw. Masterhut begleiten möchte.

Lass nun neben dem nötigen Ernst eines Studiums deiner Kreativität freien Lauf. Gehe deinen individuellen Weg zum Bachelorhut, auch in turbulenten Zeiten, gemeinsam mit Mitstudierenden – ob nun im virtuellen Raum, am Telefon oder wie „früher" bei Seminaren physisch gemeinsam. Der Leuchtturm wird dir in stürmischen Zeiten deinen persönlichen Weg weisen. Viel Spaß und wundersame Erkenntnisse.

Stefanie Lehmann, im Juni 2020

Hinweis zum Gendern

Um einen leichten Lesefluss zu gewährleisten, habe ich mich für die weit verbreitete Variante der männlichen Form entschieden. Wohlwissend, dass viele Fernstudierende weiblich sind, wenn sie den Schritt an die Hochschule wagen. Auch das dritte Geschlecht ist angesprochen. Bitte fühl dich, egal ob männlich, weiblich oder divers, herzlich eingeladen. Die bewusste Wahl für ein wertschätzendes und persönliches „Du" soll nicht die persönliche Reife sowie dein Standing als Fernstudierender aller Altersstufen gleichermaßen schmälern. Auch wenn du dich vielleicht schon mal an die förmliche Anrede gewöhnen magst, die ich im ersten Buch gewählt habe und für angehende Führungskräfte weit verbreitet ist, möchte ich hier zum „Du" wechseln, da Veränderungskreativität© sehr persönlich werden kann und ich dir von Herzen wünsche, dass du einen ganz individuellen Weg mit den Inspirationen aus diesem Buch findest. Willkommen auf deiner kreativen Reise zum Bachelorhut.

1

Kleine Stresskunde: Das Adrenalinzeitalter

Das Konzept der Reihe

Möglicherweise kennen Sie bereits meinen Anti-Stress-Trainer (Buchenau 2014). Dieses Kapitel greift darauf zurück, weil das Konzept der neuen Anti-Stress-Trainer-Reihe die Tipps, Herausforderungen und Ideen aus meinem Buch mit den jeweiligen Anforderungen der unterschiedlichen Ziel- und Berufsgruppen verbindet. Die Autoren, die jeweils aus Ihrem Tätigkeitsprofil kommen, schneiden diese Inhalte dann für Sie zu. Viel Erfolg und passen Sie auf sich auf!

Leben auf der Überholspur: Sie leben unter der Diktatur des Adrenalins. Sie suchen immer den nächsten Kick, und das nicht nur im beruflichen Umfeld. Selbst in der Freizeit, die Ihnen eigentlich Ruhephasen vom Alltagsstress bringen sollte, kommen Sie nicht zur Ruhe. Mehr als 41 % aller Beschäftigten geben bereits heute an, sich in der Freizeit nicht mehr erholen zu können. Tendenz steigend. Wen wundert es?

© Der/die Herausgeber bzw. der/die Autor(en), exklusiv lizenziert durch Springer Fachmedien Wiesbaden GmbH, ein Teil von Springer Nature 2020
S. Lehmann, *Übungsbuch zum Anti-Stress-Trainer für Fernstudierende*, Anti-Stress-Trainer, https://doi.org/10.1007/978-3-658-30725-7_1

Anstatt sich mit Power Napping (Kurzschlaf) oder Extreme Couching (Gemütlichmachen) in der Freizeit Ruhe und Entspannung zu gönnen, macht die Gesellschaft vermehrt Extremsportarten wie Fallschirmspringen, Paragliding, Extreme Climbing oder Marathon zu ihrem Hobby. Jugendliche ergeben sich im Komasaufen, der Einnahme von verschiedensten Partydrogen oder verunstalten ihr Äußeres massiv durch Tattoos und Piercing. Sie hasten nicht nur mehr und mehr atemlos durchs Tempoland Freizeit, sondern auch durch das Geschäftsleben. Ständige Erreichbarkeit heißt die Lebenslösung. Digitalisierung und mobile, virtuelle Kommunikation über die halbe Weltkugel hinweg bestimmen das Leben. Wer heute seine E-Mails nicht überall online checken kann, wer heute nicht auf Facebook, Instagram & Co. ist, der ist out oder schlimmer noch, er existiert nicht.

Klar, die Anforderungen im Beruf werden immer komplexer. Die Zeit überholt uns, engt uns ein, bestimmt unseren Tagesablauf. Viel Arbeit, ein Meeting jagt das nächste und ständig klingelt das Smartphone. Multitasking ist angesagt und wir wollen so viele Tätigkeiten wie möglich gleichzeitig erledigen.

Schauen Sie sich doch mal in Ihren Meetings um. Wie viele Angestellte in Unternehmen beantworten in solchen Treffen gleichzeitig ihre E-Mails oder schreiben WhatsApp-Nachrichten? Kein Wunder, dass diese Mitarbeiter dann nur die Hälfte mitbekommen und Folge-Meetings erforderlich werden. Ebenfalls kein Wunder, dass das Leben einem davonrennt. Aber wie sagt schon ein altes chinesisches Sprichwort: „Zeit hat nur der, der sich auch Zeit nimmt." Zudem ist es unhöflich, seinem Gesprächspartner nur halb zuzuhören.

Das Gefühl, dass sich alles zum Besseren wendet, wird sich mit dieser Einstellung nicht einstellen. Im Gegenteil: Alles wird noch rasanter und flüchtiger. Müssen Sie dafür

Ihre Grundbedürfnisse vergessen? Wurden Sie mit Stress oder Burn-out geboren? Nein, sicherlich nicht. Warum müssen Sie sich dann den Stress antun?

Zum Glück gibt es dazu das Adrenalin. Das Superhormon, die Superdroge der High-Speed-Gesellschaft. Bei Chemikern und Biologen auch unter $C_9H_{13}NO_3$ bekannt. Dank Adrenalin schuften Sie wie ein Hamster im Rad. Schneller und schneller und noch schneller. Sogar die Freizeit läuft nicht ohne Adrenalin. Der Stress hat in den letzten Jahren dramatisch zugenommen und somit auch die Adrenalinausschüttung in Ihrem Körper.

Schon komisch: Da produzieren Sie massenhaft Adrenalin und können dieses so schwer erarbeitete Produkt nicht verkaufen. Ja, nicht mal verschenken können Sie es. In welcher Gesellschaft leben Sie denn überhaupt, wenn Sie für produzierte Güter bzw. Dienstleistungen keine Abnehmer finden?

Deshalb die Frage aus betriebswirtschaftlicher Sicht an alle Unternehmer, Führungskräfte und Selbstständigen: Warum produziert Ihr ein Produkt, das Ihr nicht am Markt verkaufen könnt? Wärt Ihr meine Angestellten, würde ich euch wegen Unproduktivität und Fehleinschätzung des Marktes feuern.

Stress kostet Unternehmen und Privatpersonen viel Geld. Gemäß einer Studie der Europäischen Beobachtungsstelle für berufsbedingte Risiken (mit Sitz in Bilbao) vom 04.02.2008 leidet jeder vierte EU-Bürger unter arbeitsbedingtem Stress. Im Jahre 2005 seien 22 % der europäischen Arbeitnehmer von Stress betroffen gewesen, ermittelte die Institution. Abgesehen vom menschlichen Leid bedeutet das auch, dass die wirtschaftliche Leistungsfähigkeit der Betroffenen in erheblichem Maße beeinträchtigt ist. 60 % der Fehltage gehen inzwischen auf Stress zurück. Stress ist mittlerweile das zweithäufigste arbeitsbedingte Gesundheitsproblem. Nicht umsonst hat die Weltgesundheitsorganisation

WHO Stress zur größten Gesundheitsgefahr im 21. Jahrhundert erklärt und Burn-out ab 2022 als eigenständige Erkrankung mit ICD-11-Code anerkannt und genauer spezifiziert (WHO 2019). Einem Bericht der Rheinischen Post zufolge betrugen die Produktionsausfallkosten, die der Wirtschaft in Verbindung mit seelischen Leiden der Deutschen entstehen, jedes Jahr mehr als 8 Mrd. EUR. Hinzu kommen noch die Behandlungskosten (Wirtschaftswoche 2016).

1.1   Was sind die Ursachen?

Die häufigsten Auslöser für den Stress sind der Studie zufolge unsichere Arbeitsverhältnisse, hoher Termindruck, unflexible und lange Arbeitszeiten, Mobbing und nicht zuletzt die Unvereinbarkeit von Beruf und Familie. Neue Technologien, Materialien und Arbeitsprozesse bringen der Studie zufolge ebenfalls Risiken mit sich.

Meist leiden diejenigen Arbeitnehmer, die sich nicht angemessen wertgeschätzt fühlen und auch oft unter- beziehungsweise überfordert sind, unter Dauerstress. Sie haben ein doppelt so hohes Risiko, an einem Herzinfarkt oder an einer Depression zu erkranken. Anerkennung und die Perspektive, sich in einem sicheren Arbeitsverhältnis weiterentwickeln zu können, sind in diesem Umfeld viel wichtiger als nur eine angemessene Entlohnung. Diesen Wunsch vermisst man meist in öffentlichen Verwaltungen, in Behörden sowie Großkonzernen. Gewalt und Mobbing sind oft die Folge.

Gerade in Zeiten von Fachkräftemangel fehlt den Unternehmen qualifiziertes Personal. Hetze und Mehrarbeit aufgrund von Arbeitsverdichtung sind die Folge. Viele Arbeitnehmer leisten massiv Überstunden. Ganze 59 % haben

Angst um ihren Job oder ihre Position im Unternehmen, wenn sie diese Mehrarbeit nicht erbringen, so die Studie.

Weiter ist bekannt, dass Druck (also Stress) Gegendruck erzeugt. Druck und Mehrarbeit über einen langen Zeitraum führen somit zu einer Produktivitätssenkung. Gemäß einer Schätzung des Kölner Angstforschers Wilfried Panse leisten Mitarbeiter schon lange vor einem Zusammenbruch 20 bis 40 % weniger als gesunde Mitarbeitende. Wenn Vorgesetzte in diesen Zeiten zudem Ziele schwach oder ungenau formulieren und gleichzeitig Druck ausüben, erhöhen sich die stressbedingten Ausfallzeiten, die dann von den etwas stressresistenteren Mitarbeitern aufgefangen werden müssen. Eine Spirale, die sich immer tiefer in den Abgrund bewegt. Im Psychoreport der Deutschen Angestellten Krankenkasse (DAK) 2019 steigt die Zahl der psychischen Erkrankungen massiv an. Gegenüber 1997 hat sich die Anzahl der Fehltage mehr als verdreifacht. Ein deutlicher Anstieg ist sowohl bei Frauen als auch u. a. in der Öffentlichen Verwaltung und im Gesundheitswesen zu verzeichnen. Gemäß einer Studie des Deutschen Gewerkschaftsbunds (DGB) bezweifeln 30 % der Beschäftigten, ihr Rentenalter im Beruf zu erreichen. Frühverrentung ist die Folge. Haben Sie sich mal für Ihr Unternehmen gefragt, wie viel Geld Sie in Ihrem Unternehmen für durch Stress verursachte Ausfallzeiten bezahlen? Oder auf den einzelnen Menschen bezogen: Wie viel Geld zahlen Sie für Ihre Krankenversicherung und welche Gegenleistung bekommen Sie von der Krankenkasse dafür? Vielleicht sollten die Krankenkassen verstärkt in die Vermeidung Stress verursachender Aufgaben und Tätigkeiten investieren, anstatt Milliarden unüberlegt in die Behandlung von gestressten oder bereits von Burn-out betroffenen Menschen zu stecken. In meiner Manager-Ausbildung lernte ich bereits vor 20 Jahren: „Du musst das Problem an der Wurzel packen." Vorbeugen ist

immer noch besser als reparieren. Beispiel: Bereits 2005 er-
hielt die London Underground den Provident Healthy
Workplaces Award (frei übersetzt: den Unternehmens-
Gesundheitsschutz-Präventionspreis) der britischen Regie-
rung. Alle 13.000 Mitarbeiter der London Underground
wurden ab 2003 einem Stressregulierungsprogramm unter-
zogen. Die Organisation wurde angepasst, die Vorgesetzten
auf Früherkennung und Stress reduzierende Arbeitstechniken ausgebildet, und alle Mitarbeiter wurden über die Ge-
fahren von Stress und Burn-out aufgeklärt. Das Ergebnis
war verblüffend: Die Ausgaben, bedingt durch Fehlzeiten
der Arbeitnehmer, reduzierten sich um 455.000 britische
Pfund, was einem Return on Invest von eins zu acht entspricht. Mit anderen Worten: Für jedes eingesetzte britische
Pfund fließen acht Pfund wieder zurück ins Unternehmen.
Eine erhöhte Produktivität des einzelnen Mitarbeiters war
die Folge. Ebenso verbesserte sich die gesamte Firmenkul-
tur. Die Mitarbeiter erlebten einen positiven Wechsel in
Gesundheit und Lifestyle.

Wann hören Sie auf, Geld aus dem Fenster zu werfen?
Unternehmer, Führungskräfte, Personalverantwortliche
und Selbstständige müssen sich deshalb immer wieder die
Frage stellen, wie Stress im Unternehmen verhindert oder
gemindert werden kann, um Kosten zu sparen und um somit die Produktivität und Effektivität zu steigern. Doch anstatt in Stresspräventionstrainings zu investieren, steht
landläufig weiterhin die Verkaufs- und Kommunikati-
onsfähigkeit des Personals im Fokus. Dabei zahlt sich Stressprävention, wie diese Beispiele beweisen, schnell und
nachhaltig aus. Michael Kastner, Leiter des Instituts für
Arbeitspsychologie und Arbeitsmedizin in Herdecke, bezif-
fert die Rentabilität: „Eine Investition von einem Euro in
eine moderne Gesundheitsförderung zahlt sich nach drei
Jahren mit mindestens 1,80 Euro aus."

1.2 Überlastet oder gar schon gestresst?

Modewort Stress: Der Satz „Ich bin im Stress" ist anscheinend zum Statussymbol geworden, denn wer so viel zu tun hat, dass er gestresst ist, scheint eine gefragte und wichtige Persönlichkeit zu sein. Stars, Manager sowie Politiker gehen hier mit schlechtem Beispiel voran und brüsten sich in der Öffentlichkeit damit, „gestresst zu sein". Stress scheint daher beliebt zu sein und ist immer eine willkommene Ausrede.

Es gehört zum guten Ton, keine Zeit zu haben, sonst könnte ja Ihr Gegenüber meinen, Sie täten nichts, seien faul, hätten wahrscheinlich keine Arbeit oder seien ein Versager. Überprüfen Sie mal bei sich selbst oder in Ihrem unmittelbaren Freundeskreis die Wortwahl: Die Mutter hat Stress mit ihrer Tochter, die Nachbarn haben Stress wegen der neuen Garage, der Vater hat Stress, weil er die Winterreifen wechseln muss, der Arbeitsweg ist stressig, weil so viel Verkehr ist, der Sohn kann nicht zum Sport, weil ihn die Hausaufgaben stressen, der neue Hund stresst, weil die Tochter, für die der Hund bestimmt war, Stress mit ihrer besten Freundin hat – und dadurch keine Zeit. Ich bin gespannt, wie viele banale Erlebnisse Sie in Ihrer Familie und in Ihrem Freundeskreis entdecken.

Gewöhnen sich Körper und Geist an diese Bagatellen, besteht die Gefahr, dass wirkliche Stress- und Burnout-Signale nicht mehr erkannt werden. Die Gefahr, in die Stressspirale zu geraten, steigt. Eine Studie des Schweizer Staatssekretariats für Wirtschaft aus dem Jahr 2000 untermauerte dies bereits damit, dass sich 82 % der Befragten gestresst fühlen, aber 70 % ihren Stress im Griff haben. Entschuldigen Sie meine provokante Aussage: Dann hat man keinen Stress.

Überlastung: Es gibt viele Situationen von Überlastung. In der Medizin, Technik, Psyche oder im Sport etc. hören und sehen wir jeden Tag Überlastungen. Es kann ein Boot sein, welches zu schwer beladen ist. Ebenso aber auch, dass jemand im Moment zu viel Arbeit, zu viele Aufgaben, zu viele Sorgen hat oder dass ein System oder ein Organ zu sehr beansprucht ist und nicht mehr richtig funktioniert. Das kann das Internet, das Stromnetz oder das Telefonnetz sein, aber auch der Kreislauf oder das Herz.

Die Fachliteratur drückt es als „momentan über dem Limit" oder „kurzzeitig mehr als erlaubt" aus. Wichtig ist hier das Wörtchen „momentan". Jeder von uns Menschen ist so gebaut, dass er kurzzeitig über seine Grenzen hinausgehen kann. Jeder von Ihnen kennt das Gefühl, etwas Besonderes geleistet zu haben. Sie fühlen sich wohl dabei und sind meist hinterher stolz auf das Geleistete. Sehen Sie noch Licht am Horizont und sind Sie sich bewusst, welche Tätigkeit Sie ausführen und zudem, wie lange Sie an einer Aufgabe zu arbeiten haben, dann spricht die Stressforschung lediglich von Überlastung und nicht von Stress. Also dann, wenn der Vorgang, die Tätigkeit oder die Aufgabe für Sie absehbar und kalkulierbar ist. Dieser Vorgang ist aber von Mensch zu Mensch unterschiedlich. Zum Beispiel fühlt sich ein Marathonläufer nach 20 km überhaupt nicht überlastet, aber der übergewichtige Mensch, der Schwierigkeiten hat, zwei Stockwerke hochzusteigen, mit Sicherheit. Für diesen ist es keine Überlastung mehr, für ihn ist es purer Stress.

1.3 Alles Stress oder was?

Stress: Es gibt unzählige Definitionen von Stress und leider ist eine Eindeutigkeit oder eine Norm bis heute nicht gegeben. Stress ist individuell, unberechenbar, nicht greifbar.

Es gibt kein Allheilmittel dagegen, da jeder Mensch Stress anders empfindet und somit auch die Vorbeuge- und Behandlungsmaßnahmen unterschiedlich sind.

Die nachfolgenden fünf Definitionen bezüglich Stress sind richtungsweisend:

1. „Stress ist ein Zustand der Alarmbereitschaft des Organismus, der sich auf eine erhöhte Leistungsbereitschaft einstellt" (Hans Seyle 1936; ein ungarisch-kanadischer Zoologe, gilt als der Vater der Stressforschung).
2. „Stress ist eine Belastung, Störung und Gefährdung des Organismus, die bei zu hoher Intensität eine Überforderung der psychischen und/oder physischen Anpassungskapazität zur Folge hat" (Fredrik Fester 1976).
3. „Stress gibt es nur, wenn Sie ‚Ja' sagen und ‚Nein' meinen" (Reinhard Sprenger 2000).
4. „Stress wird verursacht, wenn du ‚hier' bist, aber ‚dort' sein willst, wenn du in der Gegenwart bist, aber in der Zukunft sein willst" (Eckhart Tolle 2002).
5. „Stress ist heute die allgemeine Bezeichnung für körperliche und seelische Reaktionen auf äußere oder innere Reize, die wir Menschen als anregend oder belastend empfinden. Stress ist das Bestreben des Körpers, nach einem irritierenden Reiz so schnell wie möglich wieder ins Gleichgewicht zu kommen" (Schweizer Institut für Stressforschung 2005).

Bei allen fünf Definitionen gilt es zu unterscheiden zwischen negativem Stress – ausgelöst durch im Geiste unmöglich zu lösende Situationen – und positivem Stress, welcher in Situationen entsteht, die subjektiv als lösbar wahrgenommen werden. Sobald Sie begreifen, dass Sie selbst über das Empfinden von freudvollem Stress (Eustress) und leidvollem Stress (Disstress) entscheiden, haben Sie Handlungsspielraum.

Bei **positivem Stress** wird eine schwierige Situation als positive Herausforderung gesehen, die es zu bewältigen gilt und die Sie sogar genießen können. Beim positiven Stress sind Sie hoch motiviert und konzentriert. Stress ist hier die Triebkraft zum Erfolg.

Bei **negativem Stress** befinden Sie sich in einer schwierigen Situation, die Sie noch mehr als völlig überfordert. Sie fühlen sich der Situation ausgeliefert, sind hilflos und es werden keine Handlungsmöglichkeiten oder Wege aus der Situation gesehen. Langfristig macht dieser negative Stress krank und endet oft im Burn-out.

1.4   Burn-out – Die letzte Stressstufe

Burn-out: Als letzte Stufe des Stresses tritt das sogenannte Burn-out auf. Nun helfen keine Medizin und Prävention mehr; jetzt muss eine langfristige Auszeit unter professioneller Begleitung her. Ohne fremde Hilfe können Sie der Burn-out-Spirale nicht entkommen. Die Wiedereingliederung eines Burn-out-Klienten zurück in die Arbeitswelt ist sehr aufwendig. Meist gelingt das erst nach einem Jahr Auszeit, oft auch gar nicht.

Aus einer Studie der Frankfurter Unternehmensgruppe Baumann aus dem Jahr 2014 geht hervor: „Mehr als jeder zweite Manager hält es für möglich, einmal ein Burn-out zu bekommen (Faller 2014)". Die gebräuchlichste Definition von Burn-out stammt von Maslach & Jackson aus dem Jahr 1986: „Burn-out ist ein Syndrom der emotionalen Erschöpfung, der Depersonalisation und der reduzierten persönlichen Leistung, das bei Individuen auftreten kann, die auf irgendeine Art mit Leuten arbeiten oder von Leuten beeinflusst werden."

Burn-out entsteht nicht in Tagen oder Wochen. Burn-out entwickelt sich über Monate bis hin zu mehreren Jahren, stufenweise und fortlaufend mit physischen, emotionalen und mentalen Erschöpfungen. Dabei kann es immer wieder zu zwischenzeitlicher Besserung und Erholung kommen. Der fließende Übergang von der normalen Erschöpfung über den Stress zu den ersten Stadien des Burn-outs wird oft nicht erkannt, sondern als „normale" Entwicklung akzeptiert. Reagiert der Betroffene in diesem Zustand nicht auf die Signale, die sein Körper ihm permanent mitteilt und ändert der Klient nicht seine inneren oder äußeren Einfluss- und Stressfaktoren, besteht die Gefahr einer sehr ernsten Erkrankung. Diese Signale können dauerhafte Niedergeschlagenheit, Ermüdung, Lustlosigkeit, aber auch Verspannungen und Kopfschmerzen sein. Es kommt zu einer kreisförmigen, gegenseitigen Verstärkung der einzelnen Komponenten. Unterschiedliche Forschergruppen haben auf der Grundlage von Beobachtungen den Verlauf in typische Stufen unterteilt.

Wollen Sie sich das alles antun?

Leider ist Burn-out in den meisten Firmen immer noch ein Tabuthema – die Dunkelziffer ist groß. Betroffene Arbeitnehmer und Führungskräfte schieben oft andere Begründungen für ihren Ausfall vor – aus Angst vor negativen Folgen wie zum Beispiel dem Verlust des Arbeitsplatzes. Es muss ein Umdenken stattfinden!

Wen kann es treffen? Theoretisch sind alle Menschen gefährdet, die nicht auf die Signale des Körpers achten. Vorwiegend trifft es einsatzbereite und engagierte Mitarbeiter, Führungskräfte Selbstständige und Fernstudierende. Oft werden diese auch von Vorgesetzten geschätzt, von Kollegen bewundert, vielleicht auch beneidet und in der Folge ausgegrenzt. Solche Menschen sagen auch nie „Nein" und bitten selten um Unterstützung. Deshalb wachsen die Aufgaben und es stapeln sich die Arbeiten. Dazu kommt oft, dass sich Partner, Freunde und Kinder über zu wenig Zeit und Aufmerksamkeit beklagen.

Aus eigener Erfahrung kann ich sagen, dass der Weg zum Burn-out anfänglich mit kleinsten Hinweisen gepflastert ist, kaum merkbar, unauffällig, vernachlässigbar. Es bedarf einer hohen Achtsamkeit, um diese Signale des Körpers und der realisierenden Umwelt zu erkennen. Kleinigkeiten werden vergessen und vereinbarte Termine werden seltener eingehalten. Hobbys und Sport werden – wie bei mir geschehen – erheblich vernachlässigt. Auch mein Körper meldete sich Ende der neunziger Jahre mit leisen Botschaften: Schweißausbrüche, Herzrhythmusstörungen, schwerfällige Atmung und unruhiger Schlaf waren die Symptome, die anfänglich nicht von mir beachtet wurden.

Abschlusswort
Eigentlich ist Burn-out- oder Stressprävention für Fernstudierende ganz einfach. Tipps gibt es überall und Zeit dazu auch. Sie, ja genau Sie, packen Sie es einfach nur an. Viel Spaß und Unterhaltung mit den folgenden Kapiteln von Stefanie Lehmann.

Literatur

Buchenau P (2014) Der Anti-Stress-Trainer. Springer Fachmedien, Wiesbaden

DAK Gesundheit (2019) DAK-Psychoreport 2019: dreimal mehr Fehltage als 1997. https://www.dak.de/dak/bundesthemen/dak-psychoreport-2019-dreimal-mehr-fehltage-als-1997-2125486.html. Zugegriffen am 06.11.2019

Faller M (2014) „Deutschland, Deine Manager." Wie Deutschlands Führungskräfte denken: Studie, Kurzfassung Oktober 2014, 7

WHO (2019) ICD-11 – 11. Revision der ICD der WHO. https://www.dimdi.de/dynamic/de/klassifikationen/icd/icd-11/. Zugegriffen am 06.11.2019

Wirtschaftswoche (2016) Psychische Erkrankungen kosten 8,3 Milliarden Euro pro Jahr. https://www.wiwo.de/erfolg/beruf/teure-arbeitsausfaelle-psychische-erkrankungen-kosten-8-3-milliarden-euro-pro-jahr/13671902.html. Zugegriffen am 06.11.2019

2

Veränderungskreativität©

2.1 Was bedeutet Veränderungskreativität©?

Veränderungskreativität©, ausführlich beschrieben im ersten Buch, setzt sich zusammen aus Veränderung und Kreativität. Kreativität hilft dir, Veränderungen anzugehen. Es ist ein Zustand der Unruhe, des Kribbeligseins, des Getriebenseins zur Veränderung bei gleichzeitiger intrinsischer Motivation, etwas Neues zu schaffen. Ich interpretiere es als Vorstufe bzw. Voraussetzung für Flow. Dazu gehört, die Vergangenheit hinter sich zu lassen und Zweifeln keinen Raum zu geben. Kombiniert man Veränderung, Motivation und Kreativität, eröffnen sich neue Wege und Möglichkeiten. Wenn du bereit bist, das volle Risiko und die Verantwortung auf dich zu nehmen, weil du tief in dir spürst und „weiß", dass es passt, dann hast du es leichter. Mit Veränderungskreativität© ist die positive Energie gemeint, die man selbst dann aus einer Situation

© Der/die Herausgeber bzw. der/die Autor(en), exklusiv lizenziert durch
Springer Fachmedien Wiesbaden GmbH, ein Teil von
Springer Nature 2020
S. Lehmann, *Übungsbuch zum Anti-Stress-Trainer für Fernstudierende*,
Anti-Stress-Trainer, https://doi.org/10.1007/978-3-658-30725-7_2

zieht, wenn man kurz vor dem Scheitern steht oder zunächst gescheitert, aber offen ist, aus der Krise heraus neue Wege zu bestreiten. Wie kommst du in diesen Vor-Flow-Zustand? Welche Möglichkeiten gibt es, loszulassen? Wie kreierst du deine Vision und füllst sie im Alltag mit Leben? Wie lenkst du negative Energien, Emotionen bzw. Gedanken zum Schutz vor Burn-out um? Hilft ggf. eine Zwischenlösung? Dr. Alexander S. Strassburg sagt: „Es gibt immer noch mindestens einen anderen Weg." Wie findest du diese möglichen, bislang vielleicht wenig genutzten, Trampelpfade durch das Dickicht? Mit Veränderungskreativität© weckst und spürst du die Kraft, etwas verändern zu können und zu wollen, weil du mutig bist, andere, als bisher übliche Wege zu nutzen. Deine Glaubenssätze in Frage zu stellen und Dinge anzuschieben, an die du zuvor vielleicht nie gedacht bzw. favorisiert hast? Sich selbst auf diese Weise mutig zum Erfolg zu führen, gehört dazu (Lehmann 2020). Wichtig ist auch, sich den Herausforderungen bereits dann zu stellen, wenn sie sich anfänglich zeigen. Für kleine Probleme finden sich oft einfacher und zügiger pragmatische Lösungen, als wenn du komplexe Verstrickungen zunächst auseinandernehmen musst um zu schauen, wo die Ursache verborgen sein könnte.

2.2 Veränderungskreativität© als Vorstufe zum bewussten Lernen

Führe zunächst eine Bestandsaufnahme deiner Ziele und Träume durch. Hilfreich sind Fragen, die Coaches stellen oder auch Ereignisse im Weltgeschehen, die dich tangieren bzw. berühren und zum Nachdenken anregen. Ein Beispiel findest du bei Yesil (2019). Anregungen, um das eigene Leben aufzuarbeiten, gibt es u. a. in biografischer Literatur. Ratgeber, Selbsthilfeliteratur und diverse Titel zum Selbstausfüllen wie z. B. von Tripolina (2018) inspirieren.

Ziel dieses Buches ist, kreative Übungen anzubieten. Wecke so deine Veränderungskreativität©. Um Spitzenleistungen zu erzielen, werden ca. 10.000 Übungsstunden benötigt, so Duckworth (2017), die den Psychologen K. Anders Ericsson (2012) zitiert. Es ist wichtig, stetig am Thema zu bleiben. Nach der Grit-Formel von Duckworth sind Leidenschaft und Entschlossenheit als innere Voraussetzungen nötig, um die eigenen Ziele zu erreichen. Ebenso ist es sinnvoll, mit bzw. nach diesem Schritt in den Flow zu kommen. Hast du noch keine konkreten Lern- und Entwicklungsziele, sondern nur ein paar Ideen, die dir ggf. nicht einmal originell erscheinen und dir gefallen? Wecke deine Veränderungskreativität©, bevor du mit „Grit" im „Flow" weitermachst.

> **Werde kreativ**
>
> Was bedeutet für dich bewusstes Lernen und gezieltes Üben? Schreibe deine Gedanken dazu auf.

Duckworth (2017) bezieht sich auf Gruber et al. (2006). Sie beschreiben es mit dem Erwerb von Handlungskompetenz und Integration von „erfahrenen" Wissensstrukturen. Ich fasse zusammen: Kompetent zu handeln bedeutet die Integration von neuem Wissen; von Literaturessenzen, gemachten Erfahrungen und ausgelebten Gefühlen; aus verschiedenen Kontexten in einen ganzheitlichen Wissensspeicher.

Überlege dir bitte ebenso, wie du Flow verstehst. Duckworth beschreibt es mit *mühelos*. Womack und Jones (2004) stellen fest, dass sich die aufgewendete Zeit beim Durchlauf eines Prozesses oft auf einen Bruchteil reduzieren lässt, wenn man den Ablauf optimiert und überflüssige Unterbrechungen reduziert bzw. eliminiert. Das Geheimnis sei (1.) die Konzentration auf das tatsächliche Objekt. Damit ist gemeint, sein

Ziel von Anfang bis Ende im Blick zu haben. Darüber hinaus plädieren Womack und Jones (2.) dafür,

> die traditionellen Grenzen von Jobs, Karrieren, Funktionen und Unternehmen zu ignorieren, um ein wertorientiertes Unternehmen zu formen. (Womack und Jones 2004, S. 68)

Was bedeutet das für dein Fernstudium? Löse dich von alten Glaubenssätzen und davon, dass etwas nur deshalb so erledigt werden sollte, weil es schon immer so war. Spätestens 2020 haben viele gemerkt, dass sich das Leben schlagartig verändern kann. Sieh dein Fernstudium als Teil einer ganzheitlichen persönlichen Entwicklung. Du lernst fürs Leben, wie Oma schon sagte. Darüber hinaus:

> Es gibt immer noch mindestens einen anderen Weg. (Dr. Alexander S. Strassburg)

Als dritten Schritt beschreiben Womack und Jones (2004) „spezielle Arbeitspraktiken und Werkzeuge" zu überdenken, „um Rückfluss, Ausschuss und Stillstand aller Art abzuschaffen, damit die Konstruktion, Bestellung und Produktion des speziellen Produktes kontinuierlich voranschreitet." Was hier auf einen Produktionsablauf bezogen ist, interpretiere ich für das Fernstudium in Teilschritten die, wie Womack und Jones anmerken, gemeinsam realisiert werden müssen. Konzentriere dich auf dein Studium als Ganzes. Führe dir immer wieder vor Augen, wofür du so viel Zeit und Ehrgeiz aufbringst. Gliedere es in für dich sinnvolle Abschnitte und konzentriere dich auf jeden einzelnen Schritt. Stelle etablierte Gewohnheiten und vermeintliche Grenzen in Frage.

Beispiel: Mich hat es genervt, Fallaufgaben, die ich zunächst handschriftlich auf dem Collegeblock gelöst hatte, zu digitalisieren. Ich hatte keine Lust, es abzutippen wie eine Sekretärin, die ich nie sein wollte. Die vollständige Zitation aus den markierten Unterlagen und Notizen in eine formal passende Form zu bringen, war mir ein Graus. Autor und Seite schrieb ich dazu. Dann später auch noch das Jahr herauszusuchen war ebenso lästig, wie die korrekten Namen der Verlage, die Auflage, den Ort usw. ausfindig zu machen und sie in einen einheitlichen Zitationsstil zu bringen. Letztlich fehlte mir zu Beginn des Studiums die Geduld für diese in meinen Augen bürokratischen Hürden des wissenschaftlichen Arbeitens. Ein Umdenken bisher gewohnter Abläufe war nötig. Quellenangaben mithilfe der Standardtextverarbeitung? Nein. Leider war ich mit der Quellenverwaltung der Software Papyrus Autor (Ramps 2020) nur bedingt zufrieden. Organisatorisch sinnvoller ist für mich Citavi in der Cloudversion, die gemeinsam zu arbeiten ermöglicht. Trotzdem liebe ich Papyrus Autor über alles. Die vielen Werkzeuge gefallen mir gut. Dazu überzeugt mich die Diktierfunktion, die Microsoft Word beinhaltet. So brauche ich nichts mehr abzutippen. Am PC zu formulieren, stört mich in meinen Gedanken. Ich puzzle lieber auf dem Papier. So bin ich dazu übergegangen, Abschnitte in Word zu diktieren, mithilfe der „Suchen-und-Ersetzen Funktion" z. B. ein diktiertes „Komma" in das Satzzeichen umzuwandeln und die Rechtschreibprüfung in Word zu nutzen, die viel in rot oder blau unterschlängelt. Wenn mein Rohtext so weit sauber ist, kopiere ich ihn in Papyrus, um das Geschriebene im zweiten Schritt stilistisch und inhaltlich zu überarbeiten. Bis zu diesem Zeitpunkt verwalte ich die Zitation, sowohl als unreine Quellenangabe direkt hinter dem Abschnitt, als auch vollständig in einem Citavi 6-Projekt. Mehr dazu findest du in Abschn. 3.10. So erlebe ich – statt Frust – ein brillantes Zusammenspiel der Komponenten und sehe durch diese Teilschritte jeden Text mindestens dreimal durch. Das Ergebnis ist ein kreativer Flow ohne organisatorische, technische oder zeitliche Probleme. Ich kämpfe nicht mehr mit einer Software, die für mich nicht formvollendet ist, sondern nutze alle Vorzüge. Ich bleibe inhaltlich gefordert, weil ich viele Quellen und damit differenzierte Sichtweisen betrachte, ohne dabei – dank Citavi – den

Überblick zu verlieren. Ergebnis ist ein ausbalancierter schlanker Arbeitsprozess, der mich anspornt.

2.3 Von Veränderungskreativität© über bewusstes Lernen hin zum Flow

Gestaltest du voller Tatendrang neue Ideen? Bist du ständig im Flow, fehlt dir die Zeit zu grübeln? Sorgen verfliegen, weil du beschäftigt bist, wenn du tief abtauchst und den ganzheitlichen Wissensspeicher mit allerlei Literaturessenzen, gemachten Erfahrungen und ausgelebten Gefühlen intensiv fütterst. So schiebst du einengende Muster des Alltagstrotts, eingeschliffene Routinen und die von außen gestellten Anforderungen in den Hintergrund. Was heißt bewusstes Lernen? Gezieltes Üben kann bedeuten, sich Ziele zu setzen und dabei zunächst nur einen Schwachpunkt bzw. Einzelaspekt im Fokus zu haben. Die Idee ist, sich bewusst etwas vorzunehmen, was man nicht schaffen kann. Habe Details im Blick und hole mit Kanban in kleinen Schritten das Beste aus dir heraus, so weit die Zusammenfassung aus Duckworth. Ich kompensiere z. B. meine Schwäche bezogen auf Statistik, indem ich lerne, anwendungsbezogen zu verstehen. Das funktioniert.

Werde kreativ

Mache dir Gedanken, auf welche Schwachpunkte du dich wie stark konzentrieren möchtest:

- Gibt es noch mindestens einen anderen Weg?
- Wie gehst du mit deinen Stärken um, um diese gezielt auszubauen?
- Wie kompensierst du Schwächen?
- Wer unterstützt dich ggf.?
- Wie holst du das Beste aus dir heraus?

Ausrechnen von Wahrscheinlichkeiten und Co. überlasse ich lieber denen, die damit im Flow sind. Danke an Stephan für deine unendliche Geduld im Übersetzen der Fremdsprachen Mathe und Statistik für mich. Konkret bedeutet das: Ich habe so viel Statistik verstehen gelernt, wie ich meinte, dass es erforderlich sei, um die Klausur zu bestehen. Darüber hinaus war es mein Ziel zu verstehen, wie ein Forschungsprozess abläuft und wie man ein Thema anwendungsbezogen angeht, ohne zum Rechengenie zu werden. Mach dir bitte eigene Gedanken, welche Module dich besonders herausfordern und wie du damit umgehst. Motto könnte sein: „4 gewinnt!" „Jetzt erst recht!" Vielleicht aber auch: „Lass es bleiben." „Gib auf, es lohnt sich nicht!"

> **Werde kreativ**
>
> Brich – zumindest täglich für einige Minuten, besser noch für eine halbe Stunde oder länger – aus deinem Alltag aus. Schotte dich ggf. von schlechten Nachrichten des Weltgeschehens ab. Fühle dich wie ein Kind, das an Weihnachten ein sehnlichst gewünschtes Spielzeug bekommt, dem es sich überglücklich hingibt und dabei Zeit und Umwelt völlig vergisst. Tauche täglich in deine neue Welt ein. Fühl dich wie im siebten Himmel, frei wie Dobby, den Hauself, den Joanne K. Rowling in zauberhaften Geschichten geschaffen hat.

In positiver Absicht hat Dobby lange versucht, Harry Potter von Hogwarts fernzuhalten, um ihn zu beschützen. Bevor der Hauself von seinem Meister einen Socken geschenkt bekam, der ihn aus der Sklaverei der Familie Malfoy befreite, bestrafte er sich selbst z. B. durch das Bügeln der Hände, wenn er Harry Potter mal wieder geholfen hatte. Nimm deine tägliche kleine Auszeit vom Alltag als Geschenk an und sag dir: „Dobby (bzw. dein Vorname) ist frei." Mit der Zeit wirst du ggf. feststellen, dass sich dein Leben dadurch verändert, weil du merkst, dass es möglich ist, tief verborgene Träume und utopisch geglaubte Ziele in winzig kleinen Schritten zu verwirklichen. Lerne täglich – für dich! Egal, aus welchem Wissensgebiet. Integriere täglich Neues in dein Leben. Du wirst Erfahrungen sammeln, die deinen Horizont erweitern.

2.4   Kreativer Flow statt Stress mit Unter- oder Überforderung

Wenn du trotz Corona-Pandemie immer noch denkst, es sei nicht möglich, das Leben von jetzt auf gleich zu verändern, dann genieße kleine alltägliche Zeitfenster in kreativem Flow (Abb. 2.1). Auch wenn dein Kahn von Piraten eingenommen wurde, der Wind bzw. Flow hat eine enorme Macht, ein Schiff zu steuern und in eine neue Richtung zu lenken. Jeden Tag ein paar Minuten oder eine halbe Stunde werden dich weder unterfordern noch völlig verausgaben.

Abb. 2.1 Piratenschiff im Flow

Nach dem Flow-Modell von Mihaly Csikszentmihalyi (1975), zitiert aus Scheffer und Kuhl (2006), bewegen wir uns beim Flow im Zwischenraum von Besorgtheit und Langeweile, jeweils mit damit verbundenem Stress. Die Abb. 2.4 ist als Weiterentwicklung dieses Flow-Modells entstanden und steht in zwei Varianten zum Download bereit. Die erste Version dient zunächst dazu, sich dem persönlichen Spannungsfeld und kreativer Möglichkeiten zur Veränderung bewusst zu werden. Anforderungen, Langeweile, Stress und Flow stehen in einem Spannungsfeld zueinander. Vorgeschaltet und regulierend greift die Veränderungskreativität© in Form eines bunten Regenbogens ein bzw. schaltet sich vor. Nutze Variante 1 (verfügbar unter http://www.springer.com/9783658307240), um mit der Systematik vertraut zu werden. Drucke dir das Blatt aus, ergänze um eigene Stichpunkte und fülle die Abbildung mit Leben. Ergänze die Stresswolke um all die Punkte, die dich momentan belasten. Nimm ggf. Buntstifte o. ä. und probiere dich aus. Für deine finale Version liegt die Grafik als Variante 2 ohne Beschriftung unter http://www.springer.com/9783658307240 bereit. Drucke dir das PDF im DIN-A4-Format in Farbe aus und gestalte es individuell, um es dir aufzuhängen. Unter dem Leuchtturm, der dir als Wegweiser dient, ist Platz für deine Vision (Abb. 2.2).

Mein persönliches Beispiel ist in Abb. 2.3 dargestellt, gefolgt von der Rohversion zur eigenen Gestaltung (Abb. 2.4).

Prüfe, worüber du dich sorgst, aber auch, was dich langweilt bzw. dir Stress verursacht. Wenn du erst mal Blut geleckt hast, schenke dir einen Sonntag bzw. Urlaubstag, um dich deinen Projekten hinzugeben. Nach und nach baust du dir eine neue Welt auf. Sieh es als nebenberufliche Existenzgründung ohne Risiko. Starte unbekümmert durch. Schau, was passiert.

Abb. 2.2 Leuchtturm mit Regenbogen

Werde kreativ: Tauche ab in eine neue Welt

Notiere Stichworte, skizziere ein Mindmap oder bastele eine Visionscollage nach der Idee von Karl Wiesner (2019). Fange jetzt an, deine tief verborgenen Wünsche auszugraben. Beginne endlich zu leben.

- Worüber sorgst du dich? Aktuell bzw. schon seit längerer Zeit?
- Was verursacht in diesem Kontext bei dir Stress?
- Was langweilt dich und verursacht damit Stress?
- Fertige eine Tabelle an, zunächst einmal mit allem, was dir einfällt.
- Im zweiten Schritt schau dann bitte, welche Aspekte dein Fernstudium tangieren.

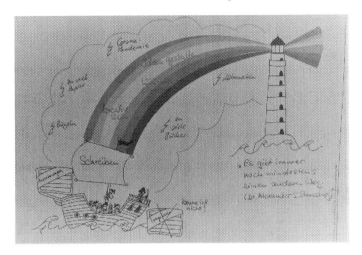

Abb. 2.3 Piratenschiff mit Regenbogen und Leuchtturm

Abb. 2.4 Piratenschiff mit Regenbogen

Wo ist der Bezug zum Fernstudium? Idealerweise stellst du beim Ausleben deiner Träume fest, dass dir dein Studium hilft, dich in genau diese Richtung zu bewegen. Eventuell ist es „nur" ein fehlender Hochschulabschluss, um formal für eine ausgeschriebene Stelle geeignet zu sein? Ggf. interessieren dich plötzlich gewisse Module des Studiums brennend, weil sie die Voraussetzung für deine tief verborgenen Ziele sind? Ein Psychologe kommt definitiv nicht um die „trockene" Statistik herum. Gestalte so etwas anwendungsorientiert und für dich individuell hoch spannend. Frage dich, wozu DU es brauchst. Sieh dich als Forscher oder Personalberater im Headhunting von Hochschulabsolventen beim Entwickeln von Fragebogen bzw. eindrucksvoller Studien. Wird dir jetzt klar, weshalb du dich heute mit Formeln zum Konfidenzintervall und dem Chi-Quadrat-Test herumschlägst? Verändere deine Sichtweise auf die Welt. Dann, so meine Erfahrung, verändert sich deine Wahrnehmung und dein Umfeld. Du gewinnst eine andere Ausstrahlung und ziehst damit ggf. Menschen an, mit denen du zuvor nicht viel zu tun hattest.

Literatur

Duckworth A (2017) GRIT: Die neue Formel zum Erfolg: mit Begeisterung und Ausdauer zum Ziel. Bertelsmann, München, S 23, 181, 182, 183–189, 195

Ericsson KA (2012) The danger of delegating education to journalists: Why the APS observer needs peer review when summarizing new scientific developments, unveröffentlichtes Manuskript. https://psy.fsu.edu/faculty/ericssonk/ericsson.hp.html. Zugegriffen am 01.01.2020

Gruber H, Harteis C, Rehrl M (2006) Professional Learning: Erfahrung als Grundlage von Handlungskompetenz. Bild Erzieh

59:193–204. https://doi.org/10.7788/bue.2006.59.2.193. Zuge-griffen am 19.03.2020

Lehmann S (2020) Anti-Stress-Trainer für Fernstudierende. Springer Verlagsgruppe, Wiesbaden

Ramps U (2020) Organisieren –Tools für Planung und Organi-sation. https://www.papyrus.de/vorteile/organisieren/. Zuge-griffen am 10.03.2020

Scheffer D, Kuhl J (2006) Erfolgreich motivieren: Mitarbeiter-persönlichkeit und Motivationstechniken. Hogrefe, Göttin-gen, S 9, 12–13, 29

Tripolina D (2018) Alles über mich: 1000 Fragen. riva, München

Wiesner K (2019) Wunscherfüllungs-Workshop. https://www.berg-meditation.de/wunscherfuellungs-workshop/ und https://www.berg-meditation.de/wp-content/uploads/Vision-board.jpg. Zugegriffen am 04.11.2019

Womack JP, Jones DT (2004) Lean thinking: Ballast abwerfen, Unternehmensgewinne steigern. Campus, Frankfurt am Main, S 65–84

Yesil NA (2019) Knack Dein Gehirn für Deinen Erfolg! Kap. 7. Springer, Berlin

3

Weitblick vom Leuchtturm auf ME(e/h)R

S. Lehmann, *Übungsbuch zum Anti-Stress-Trainer für Fernstudierende*,
Anti-Stress-Trainer, https://doi.org/10.1007/978-3-658-30725-7_3

Wie behältst bzw. bekommst du die Macht über das ME(e/h)R? Was bedeutet das?

* M = Manuskript erstellen, um damit zu lernen.
* E = Elaboration: Integration von Neuem in bestehende Strukturen.
* e/h = einmal reicht nicht/heutiger Plan
* R = Regelmäßigkeit

Du stehst vor dem Chaos? Du hast Papier angesammelt, Bücher besorgt, gefühlt fünfmal angefangen, immer wieder neue Ordner angelegt? Du findest Unterlagen nicht wieder oder es fällt dir schwer, den Überblick zu behalten (oder erst mal zu bekommen) und dran zu bleiben? Dann schaffe jetzt Ordnung. Gewinne als Lotse die Macht über das „ME(e/h)R". Gehe z. B. so vor:

Erstelle ein individuelles Lernmanuskript , um Wissen zu erschließen. Zeitverschwendung? Dafür steht das **M** wie Manuskript. Zur Erinnerung: Vielleicht lernst du fürs Leben, statt nur die Klausur bzw. Fallaufgabe zu bestehen? Das Gesamtkunstwerk – nach Prof. Rau – kontinuierlich ergänzen und – nach Prof. Hüttmann – in großem Bogen studieren bedeutet konkret: Übernimm die Verantwortung für dich, die Aufgaben, die Planung des Exposés, die Bearbeitung der einzelnen Arbeitspakete und die anschließende Manuskripterstellung und -bewertung. Hilfreich ist, Notizen nachzuarbeiten, um dein Wissenspuzzle kontinuierlich zu ergänzen. Wer schreibt, der bleibt! Aufzeichnungen helfen dir, Gedanken und Ideen zu ordnen, zu strukturieren und miteinander in Beziehung zu setzen und im Detail besser zu verstehen. **E** wie Elaboration bedeutet Integration von Neuem in bestehende Strukturen. Konkret heißt das, sein Wissensnetzwerk zu erweitern. **e/h** = einmal reicht nicht/heutiger Plan: Hier geht es darum, dass blinder Aktionismus genauso wenig zielführend ist, wie ein fehlender

Plan. Wie du deine Lebensvision bzw. dein Leitbild erstellst, dazu kommen wir in Kap. 4. Wenn dein Leitbild steht, brich es herunter – auf die nächsten 5 Jahre, auf Zwischenziele für das kommende Jahr, auf das nächste Quartal, den Monat, die Woche und den Tag. Arbeite gezielt mit deinem Bullet Journal. Hier ist „alles drin". Mehr zur Arbeit mit einem Bullet Journal findest du im Vorwort. Ein entscheidender Faktor ist das **R** wie Regelmäßigkeit. Bleibe kontinuierlich und selbstbestimmt in kleinen (Teil-)Schritten dran. Warte nicht auf den idealen Tag, die gute Stimmung, um den perfekten Text zu Papier zu bringen. Schreibe unbeschwert drauf los.

3.1 Zeit- und Selbstmanagement auf neuem Kurs

Wie lerne ich effizient? Oder: Wie studierst du agil? Das Duden-Onlinewörterbuch (2020) findet für agil u. a. folgende Synonyme: betriebsam, beweglich, energiegeladen, geschickt, gewandt, lebhaft und rege, vital und wendig. Welche unmittelbare Anpassung des Lernverhaltens ist dafür notwendig? Wir benötigen jederzeit das Gefühl, etwas verändern und die gestellten Aufgaben bewältigen zu können. Wenn etwas zu schwierig, zu komplex oder nicht berechenbar ist, erzeugt das ggf. ein Gefühl von Angst bzw. Hilflosigkeit. Das merkten wir z. B. bei der Corona-Pandemie im Frühjahr 2020. Diese Art der Anspannung beeinträchtigt die Lern- und Leistungsfähigkeit.

Joachim Löw (Bergmann 2020) bringt es auf den Punkt:

„Die letzten Tage haben mich sehr beschäftigt und nachdenklich gestimmt. Die Welt hat ein kollektives Burn-out erlebt." Sein Schluss aus der gegenwärtigen Ausnahmesituation lautet: „Wir müssen uns hinterfragen!"

Erhöhte Motivation und gesteigerte Handlungsbereit-
schaft können helfen (Brunstein 1990). Lerne in Kap. 5 wie
die Generationen der Seefahrer mit ihren Eigenarten, also
ihren persönlichen Wertmaßstäben, Lebens- und Lernge-
wohnheiten umgehen.

Im Lean Management werden, je nach Autoren, mindestens sieben Verschwendungsarten (Muda) definiert. Muda,
übersetzt aus dem Japanischen, ist der Ausdruck für etwas
Sinnloses. Für den Bereich der Hard- und Softwareent-
wicklung hat Seuffert (2011) acht Entwicklungs-Verschwendungen abgeleitet, die ich wiederum auf das Lernen
übertrage:

1. Brauche ich das?
2. Extraaufwand durch Redundanzen
3. Wartezeit und Unterbrechungen
4. Fehlersuche bzw. Chaosbewältigung
5. Informationsverlust durch fehlende Dokumentation
6. Technische Schulden: Sauber abarbeiten statt „schnell-
   schnell"
7. Zerstreuung, statt engagiert und fokussiert dranzubleiben
8. Einengende Struktur/Umfeld

Habe ich überflüssig Lernmaterialien recherchiert, als
mir noch nicht klar war, in welche Richtung die Reise geht?
Was brauchst du wirklich? Setze Prioritäten. Details ab
Abschn. 3.4.

Entsteht das Gefühl, man vergisst zu viel und fängt schon
wieder von vorne an, verliert man schnell die Lust am Lernen. Wichtige Checklisten (u. a. verfügbar auf http://www.
springer.com/9783658307240) sind für mich:

* Wochen- bzw. 2-Wochen-Plan, z. B. unter https://zeit-
  zuleben.de/ein-wochenplan-fur-dein-zeitmanagement
* Rechercheblatt für …, als allgemeiner Notizzettel

* CITAtions-Zettel, um handschriftlich Zitate für Citavi zu notieren.
* Agiles Study-Story-Themenfeld, um ein Themengebiet z. B. für eine Fallaufgabe im Griff zu haben
* Meine Fragen an das Buch
* Prozessziele festlegen

3.1.1 Wenn Dringlichkeit zum vorherrschenden Faktor wird

Etwas, was drängt, schneller anzupacken, ist eine mangelhafte Ersatzbefriedigung für wichtige, aber nicht eilige Dinge, die sich in Coveys 4 Quadranten des Zeitmanagements im 2. Quadranten befinden (Covey 2014). Was wichtig ist, ist entscheidend, so Covey. Hat jeder Verantwortungsbereich vier Dimensionen (physisch, sozial, mental und spirituell), die im Idealfall im Gleichgewicht zueinander stehen, sich regelmäßig erneuern und weiterentwickeln, liegt die Idee von Covey nahe, den Wochenplan in Einklang mit dem eigenen Leitbild zu erstellen und Verantwortungsbereiche im harmonischen Gleichgewicht aufzustellen. In Anlehnung an seine Idee bleibt die Frage, wie man Ressourcen bereichsübergreifend und energiesparend einsetzen kann, statt wie Covey die Planung nach Rollen bzw. Verantwortungsbereichen zu organisieren. Ist es sinnvoll, sich im Studium isoliert auf ein Thema zu konzentrieren, das in Teilen ähnlich gelagert im beruflichen Kontext erneut auftaucht? Wer eine gemeinsame Schnittmenge findet, die ggf. nur sehr klein ist bzw. ähnliche Komponenten verbindet, erlebt manchmal ungeahnte Synergieeffekte und neue Ideen. Beispiel: Im Studium ist das Rubikon-Modell Bestandteil des Moduls Allgemeine Psychologie. Details dazu finden sich bei Heckhausen und Heckhausen (2018). Betrachte es als Idealvorstellung. Persönlich tangiert mich das Modell gerade bezogen auf Abschn. 6.5. Im beruflichen Umfeld wäre es optimal, wenn sich Mitarbeitende in Projekten dieses Prinzip vor Augen führen, um effizienter zu arbeiten und mehr Freizeit zu haben. So erscheint es nicht sinnvoll, ein Thema nach Rollen einzuplanen, sondern zu versuchen, globaler auf das zu schauen, was uns aktuell beschäftigt. Waldorfpädagogen arbeiten ebenfalls in ganzheitlicheren Zusammenhängen, z. B. in Epochen.

Boice (1989) entdeckte, dass Akademiker profitieren, wenn sie sich regelmäßig in kurzen Zeiteinheiten dem wissenschaftlichen Schreiben widmen. Nöteberg (2011) schreibt über die Pomodorio-Technik. Höcker et al. (2012) sehen darin einen Ansatz, mit Arbeitszeitrestriktionen ein Aufschieberverhalten zu reduzieren. Mit zwei Arbeitsblöcken von ca. 30 min täglich an 5 bis 6 Wochentagen, bei 1–2 arbeitsfreien Tagen pro Woche, wird die Arbeitseffizienz verbessert. Gleichzeitig sinkt das Gefühl von Überforderung. Ist die neue Gewohnheit eingeübt, können mehr Arbeitsblöcke in die Wochenplanung integriert werden. Überfordere dich nicht. Treten Störungen auf, schreibe sie auf und gehe ihnen auf den Grund. Unterscheide, was von innen und außen kommt. Belohnungen helfen, sich für zukünftige Aufgaben zu motivieren.

Aus diesem Grund scheint es sinnvoll, Coveys Leitsatz aufzugreifen:

> Ein Instrument kann nur dann effektiv sein, wenn es mit dieser Realität übereinstimmt und *diese Entwicklung* des inneren Kompasses fördert. (Covey 2014, S. 71)

Mit *dieser Entwicklung* ist gemeint, ausgeglichen und prinzipienorientiert grundlegende eigene Bedürfnisse zu erfüllen und unsere Fähigkeiten auszuleben.

Ziehen wir einen Vergleich mit unserer Schiffsmann-
schaft aus Abschn. 4.1. Eine Crew besteht aus verschiedenen Besatzungsmitgliedern, die unterschiedliche Aufgaben
erfüllen. Während der Kapitän das Schiff steuert, sorgt der
Koch für die Verpflegung. Jeder agiert im Wechselspiel mit
anderen und funktioniert nicht als getrennte Organisati-
onseinheit. Man legt zwar den Fokus auf die eigenen Aufgaben, doch nur wenn das Zusammenspiel untereinander
funktioniert, arbeitet die Crew als Gesamtheit reibungslos.
Definiere Verantwortungsbereiche. Entdecke Scrum und
Kanban. Mit Sprints des agilen Projektmanagements planst
du Zeitfenster. Kombiniere Vorzüge der klassischen Zeit-
planung mit Flexibilität und kreativen Entfaltungsspielräu-
men. So macht Lernen Spaß. Ist es eine Schlussfolgerung
aus der Scanner-Mentalität nach Barbara Sher?

3.1.2 Zeitmanagement auf neuem Kurs

Zu meinem Studium generale gehört die tägliche, indi-
viduell-kreative Nutzung des Bullet Journals. Trotzdem kam
manchmal das Gefühl auf, sämtliche Techniken und Metho-
den reichten nicht aus. Unter http://www.springer.
com/9783658307240 steht das Arbeitsblatt „Prozessziele
festlegen" zum Download bereit. In Zeiten, in denen man
zu viele Leben gleichzeitig lebt, ist die Aufteilung nach Projekten bzw. Räumen eine große Hilfe. Die Struktur des For-
mulars kann regelmäßig ins Bullet Journal übernommen
werden. Für eine von Zeit zu Zeit gründliche Bestandsaufnahme hilft ein DIN-A4-Blatt. Probiere aus, was es mit dir
macht. Immer dann, wenn du deine Arbeit an einem Projekt
für den Moment beendet hast, notiere dir die nächsten 1–3
Schritte. Neben einem Beispiel findest du mögliche „Überschriften". Lass dich inspirieren. Das Leben ist vielfältig. Ein
Scanner, wie Barbara Sher ihn beschreibt, ist vielseitig inte-

ressiert. In seinen Zimmern stapeln sich Ablageboxen mit allerlei Dingen, eine große Anzahl an Ordnern und Zetteln türmen sich auf. Papierkorb bzw. Schredder sind ideale Kameraden, um hier mal gründlich auszumisten und vorhandenes Material durchzusortieren und „schmalzulesen".

Werde kreativ und überdenke deine Tagesgestaltung im Detail

- Wie sieht deine Tagesgestaltung im Detail aus? Welche möglichen Blockaden im Hinblick auf das eigene Zeit-/Selbstmanagement entdeckst du?
- Was nervt dich bereits, wenn du morgens aufstehst bzw. schon dann, wenn du wach wirst?
- Manchmal ist es hilfreich, sich dem Thema Energiemanagement zu widmen und sich darüber hinaus in Resilienz zu üben. Was bedeutet das für dich? Bringe es zu Papier.

Was hilft gegen Energieblockaden? Nach der Idee von Denner (2004) beruht die Lösung auf Vergebung, die Verständnis voraussetzt. Er beschreibt es als Akt der Befreiung mit der Voraussetzung zu verstehen, was schiefgelaufen ist. Erst dann sei es möglich, loszulassen. Die Frage nach dem Warum scheint eine weitreichende Bedeutung zu haben. Demnach ist etwas erledigt, sobald wir daraus gelernt haben; wenn wir uns selbst vergeben und Verständnis, Geduld und Nachsicht mit uns üben. Statt zu verurteilen und etwas vorzuwerfen, hilft die Erkenntnis des Warums, das Verstehen, die Vergebung und das Loslassen als Akt der Befreiung. Mehr dazu gibt es u. a. bei Tolle (2014). Darüber hinaus vergiss bitte nicht die 80:20-Regel von Pareto. Demnach tragen nur 20 % Aufwand zu 80 % des Ergebnisses bei, die restlichen 20 % mit ca. 80 % Anstrengung erfordern enormen Energie und Einsatz. Welchen Wert hat eine einzelne Aufgabe, ein Modul usw. für dich?

3.2 Kurs halten durch Bewegung: Sitzen und Pendeln auf dem Radar

Sitzt du zu viel? Im Auto, ÖPNV, am Schreibtisch? Plagen dich Wirbelsäulenprobleme? Gehst du zum Sport oder spazieren bzw. nimmst regelmäßig die Treppen, statt Auszüge zu nutzen?

Werde kreativ und werde mit dem Gebiet vertraut, wo du dich gewöhnlich aufhältst

- Wo sitzt du überall? Fotografiere alle Orte, wo du dich regelmäßig niederlässt.
- Überlege dir, wie du dir möglichst viel vom Sitzen, dem „neuen Rauchen", abgewöhnst.
- Wohin fährst du? Besorge dir eine Landkarte/einen Schienen- bzw. Liniennetzplan des Gebiets, wo du dich regelmäßig aufhältst. Ob das nun der Umkreis einer Stadt, eines Bundesland oder eine Karte von Deutschland bzw. Europa ist - nutze diverse Wege zum Lernen.

3.3 Schlaf, Ernährung, Entspannung und Gesundheit – Basis statt all inclusive

Die Themen Schlaf, Ernährung, Entspannung und Gesundheit sind zu umfangreich, um sie in einem kurzen Ratgeber zu beleuchten. Zu jedem Thema gibt es eine riesige Auswahl an Literatur. Greife bei Bedarf zu entsprechenden Quellen. Ziel dieses Übungsbuches ist es, Inspirationen zu vermitteln, wie man bei diesen Themen individuell und sehr konkret weitermachen kann.

3.3.1 Schlaf

Werde kreativ, um dich gut zu erholen

Wo und wie lange schläfst du? Fotografiere mit deinem Smartphone nicht nur Bett und Sofa o. Ä., sondern halte ggf. genauso fest, wenn du bei einem Freund/Freundin, in Hotels, auf einem Campingplatz, Jugendherberge o. Ä. übernachtest. Wie sieht es dort aus? Wo schläfst du besonders gut, fühlst dich wohl und entspannst dich? Schalte Störquellen aus, um dich zu erholen.

3.3.2 Ernährung

Werde kreativ und versorge dich mit guter Nahrung

Stelle dir eine Liste mit 10 Lieblingsgerichten zusammen. Notiere zwei Lieblingsrestaurants und jeweils die 3 bis 5 Gerichte, die du dort gerne isst. Lass dir 6 Snackideen einfallen. Bei der Recherche helfen Zeitschriften, Kochbücher bzw. Rezeptdatenbanken. Dort kann man nach einem Schlagwort wie „Apfel" suchen, um sich sämtliche Rezepte mit dieser Zutat anzeigen zu lassen.

3.3.3 Entspannung

Werde kreativ, um mit Blick auf deine Collage zu entspannen

Stelle dir vor, man schenkt dir, wie vielen am 31.10.2018, einen Feiertag (500 Jahre Reformation). Male dir ein Bild vom Urlaubstag oder schneide Bilder aus Zeitschriften o. Ä. aus. Gestalte eine Collage. Ergebnis ist ein authentischer Einblick in einen wohlig entspannten Tag. Ob du dich im Fitnessstudio auspowerst, wanderst, Sauna, See oder Massage genießt, es ist dein Wohlfühlbild.

3.3.4 Gesundheit

Gesundheit ist vielfältig, Stressempfinden ebenfalls. Bevor du dich in der Flut der Literatur, in Apps und anderen Medien verlierst, besinne dich auf Kleinigkeiten.

Werde kreativ

Definiere, was Stress für dich bedeutet. Dann sammle 30 Ideen, wie du den Stresspegel in deinem Alltag reduzieren kannst. 30 oder sogar mehr. Wenn du erst mal angefangen hast, fällt es gar nicht mehr schwer. Angefangen bei einem leckeren Tee, Kakao oder einer Kaffeespezialität, einem Spaziergang an frischer Luft, einem heißen Bad in der Wanne bis hin zur Auszeit in einer Therme mit oder ohne Saunalandschaft. Schreibe auf, was dir guttut und dich auf den Boden zurückholt.

3.4 Haushaltsführung und private Büroorganisation

Gut gemeinte Hilfe, die nicht ankommt, verursacht Frust. Lange hat der turnusmäßige Einkauf bzw. die dafür notwendige, aber oft nicht mitgenommene Einkaufsliste Stress bereitet. Manchmal war nicht klar, was fehlt oder was genau gemeint war, wenn Badreiniger auf der Liste stand. Selbst eine exakte Spezifikation wie Kalklöser oder ein Produktname führte oft nicht zum Ziel. Nutzt man eine Einkaufslisten-App, um zu notieren, was fehlt und wer was und wo einkauft, damit nichts doppelt bzw. vergessen wird, trägt das dazu bei, Zeit zu sparen und uns zu entlasten.

Werde kreativ

Schreibe 20 Dinge auf, die dich im Haushalt stören, die dir ständig durch den Kopf gehen und dich am Studium hindern. Ob stumpfes Messer, übervolle Schubladen oder zig Flaschen mit Grillsoßen, die das ganze Jahr über herumstehen. Prüfe, was entsorgt, repariert oder ersetzt werden sollte. Während der Corona-Pandemie habe ich mir Gedanken über eine sinnvolle und maßvolle Vorratshaltung gemacht. Sammle hierzu eigene Ideen, auch zu Büromaterial.

Hast du Lust, effizienter zu studieren und zu organisieren? Digitalisieren? Platz sparen? Wissen aufbauen? Notiere deine Beweggründe ins Bullet Journal. Mein Geheimnis der Ordnung im Arbeitszimmer ist weniger Perfektionismus, dafür mit einer gut strukturierten und gezielten Ablage relevanter Quellen in Citavi und ein großer Papierkorb, um Überflüssiges zu entsorgen. Bitte verstehe mich richtig. Es geht nicht darum, 24 Stunden optimiert durchzuarbeiten. Ich lege Wissen gezielt ab und finde es wieder. Ja, das ist ggf. ein langer Weg. Während der Schulzeit hatte ich keinen PC, später waren Disketten bzw. Speicher teuer. Ich stapelte Papier und Bücher.

Während heute meine digitale Ablage mit Datensicherung kontinuierlich wächst, wird die über viele Jahre aufgebaute Papierablage „schmalgelesen". Mein Perfektionismus weicht – langsam, aber stetig. Dies mit der 80:20-Regel nach Pareto, mit Bullet Journal, Mindmaps und Postern, mit Controlling und ungestörten Zeitfenstern, in denen ich allein bin. Im Team zu arbeiten, funktioniert dank Citavi-Cloud auch online. Ich eliminiere regelmäßig Energieräuber und Zeitfresser, besonders materielle.

Werde kreativ: Jetzt bist du an der Reihe. Mache deine Bestandsaufnahme

Verschaffe dir einen Überblick und plane eine gezielte Abarbeitung. Um Fortschritte sichtbar zu machen, fotografiere regelmäßig dein Arbeitszimmer. Freue dich über Veränderungen.

Fußboden leer, Ordner beschriftet, Dateien in Citavi abgelegt? Miste zum Ende eines Moduls aus, wenn die Klausur geschafft bzw. Hausarbeit bestanden ist. In vielen Fällen kannst du dich zurücklehnen, den Erfolg feiern und ein Thema, was nicht zu deinen besonderen Interessen gehört, endlich abhaken. Wie? Hier einige Anregungen für Statistik: Bücher, die mir durch Übungsaufgaben mit Lösungen gut geholfen haben, habe ich mit Notizen und Markierungen versehen. Diese nutzen ggf. auch Mitstudierende. Biete Bücher in einem Forum für das Modul oder über soziale Medien gezielt Kommilitonen an, die die Klausur noch vor sich haben. Literatur, die du angeschafft, jedoch nicht verwendet hast, verkaufe gebraucht oder tausche sie. Dafür gibt es Plattformen wie www.booklooker.de, www.tauschticket.de oder viele andere. Oft interessieren sich auch Reseller für deine Bücher. Schaue nach Kleinanzeigen, Verschenkbörse, Auktion, Flohmarkt oder Zetteln an Pinnwänden von Supermarkt, Universität oder Bibliothek. Recherchiere bitte konkrete Möglichkeiten, um nicht mehr benötigte Sachen loszuwerden. Weg damit, das reduziert Stress, schafft ggf. neue finanzielle Spielräume durch den Verkauf und Platz in deinen Regalen.

Werde kreativ und überlege, wie du gewinnbringenden Nutzen aus alter Literatur ziehst

Schreibe ein Buchmanuskript oder gib Nachhilfe. Verwerte Inhalte intensiv. Im nächsten Schritt folgt die Entscheidung. Welche Handlung ergibt sich für dich für jedes einzelne Buch? Weg damit? Wohin? Aufbewahren? Du hast ein Modul erfolgreich abgeschlossen? Nach Feier, Belohnung und Regeneration folgt das nächste. Wie gehst du vor? Gestalte dir den Weg von der Recherche, über die Beschaffung, die Verwendung, die Archivierung der Inhalte bis hin zum wieder „loslassen".

Zurück zur Statistik. Wofür lerne ich das? Vielleicht kann ich später ggf. einen größeren Nutzen daraus ziehen, als es nur im Rahmen des erforderlichen Bachelor-Pflichtprogrammes abzuhaken? „4 gewinnt" kann, aber muss keine Lösung sein. Kleine Etappen helfen auch im Haushalt, unliebsame Aufgaben zu erledigen. Umfangreiche Sammlungen wie z. B. Ordner mit viel Papier haben auf mich eine lähmende Wirkung, weil ich das Gefühl habe, dass vieles doppelt oder gar mehrfach vorhanden und die Unterlagen nicht auf das Wesentliche komprimiert sind. Was nun? Elaborieren, schmallesen und kreativ werden. Gleich drei Wünsche auf einmal? Kein Problem!

Nutze die Phasen des Lean Managements zur Orientierung. Wie bekommt man Papierchaos in den Griff? Während wir im Anti-Stress-Trainer für Fernstudierende (2020) an der Oberfläche geblieben sind, tauchen wir nun auf den Meeresgrund. Du hast viele Unterlagen, Bücher als Printversion, zu viel und keine richtige Struktur? Du bist mehr mit der Suche beschäftigt als mit den Inhalten? Stapeln sich die Studienhefte ebenso wie unerledigte Fallaufgaben, die aber eigentlich schon halb fertig sind? Dein Fernstudium ist Teil des Alltags. Trotzdem fehlt dir die Regie über deine 24 h pro Tag und materielle Dinge im häuslichen Arbeitszimmer? Da hilft nur anfangen. Nach viel Sucherei zu Anfang meines Fernstudiums habe ich mir eine gut strukturierte Literaturrecherche mit vollständiger Ablage in Citavi angewöhnt, um später nicht suchen bzw. nachträglich recherchieren bzw. identifizieren zu müssen.

Was brauchst du, um im häuslichen Arbeitszimmer zufrieden zu sein? Stell dir vor, du gehst mit einem Stipendium für ein Jahr ins Auslandssemester und lebst dort allein in einem kleinen Appartement mit Studierzimmer. Welche Grundausstattung brauchst du? Schreibtisch, bequemer Bürostuhl, Notebook mit Speicherplatz in einer Cloud und Citavi, Drucker, 2–3 Ablagekörbe usw. Ein Bücherregal? Überdenke, was du brauchst. Unbegrenzt Platz hast du nicht! Alles, was du mitnimmst, muss in wenige Umzugskartons passen.

Werde kreativ

Mache dir einen Plan oder fertige eine Skizze an, wie du den Raum für dich optimal ausstattest. Wozu diese Übung sinnvoll ist, wirst du später erfahren.

Hansch (2008) ist der Auffassung, dass psychische Veränderung Zeit braucht. Ich denke, für eine Umgestaltung reicht ein klares Ja, eine tief intrinsische Motivation und Flow. Klingt leicht, doch der Weg dahin ist manchmal trotzdem recht lang. Fangen wir damit an, was vielen von uns wichtig ist: Freunde, eine erfüllte Partnerschaft und Familie.

3.5 Familie, Freunde, Partnerschaft – Korallenriffe retten

Phasen von Überlastung bzw. Krankheit/Leistungseinbußen kennt wohl jeder. Gesundheitliche, berufliche und andere Herausforderungen belasten uns und unser Umfeld. Bei Problemen ist es wichtig, sich auf stabile Bindungen verlassen zu können. Dies gilt nicht nur für eine Partnerschaft bzw. Ehe, sondern auch für Freunde und weitere Familienangehörige. Pflege Kontakte nicht nur in guten, stressfreien Zeiten. Neben einem Fernstudium sind Freundschaften, Partnerschaft und familiäre Bindungen wie Korallenriffe. Damit hält man bei Katastrophen einem ökologischen Ungleichgewicht sicherer stand. Eine unerfüllte Partnerschaft/Ehe wird oft zur Belastungsprobe. Sie mutiert u. U. zum Stressfaktor Nr. 1. Manchmal passiert es, dass die Suche nach einer Ersatzbefriedigung zur Stillung von Bedürfnissen als Topthema auf die Tagesordnung kommt. Viele Menschen wünschen sich nichts sehnlicher, als wahrgenommen, respektiert, geachtet und umsorgt zu werden. Dafür sind sie manchmal bereit, einen hohen Preis zu zahlen. Hiermit verbundene neue Herausforderungen wirken sich auf eine angespannte Beziehung wie Gift aus. Eine Ehe/Partnerschaft zerbricht, wenn das Fass überläuft. Wie erreicht man seinen Partner in schwierigen Zeiten und bleibt mit Verständnis und Nachsicht dran am Abenteuer Beziehung, statt sich mit Vorwürfen und Anschuldigungen zu streiten? Wie schaffst du einen konstruktiven Umgang? In schwierigen Zeiten steht eine Beziehung unter einer hohen Belastungsprobe. Wenn sich beide darüber im Klaren sind, sind das solide Voraussetzungen. Was bedeutet das für dein Fernstudium? Finde immer Zeitfenster für Freunde, Familie und Partnerschaft. Auch wenn es keine Garantie dafür gibt – die Chance, in schwierigen Zeiten unterstützt zu werden, erhöht sich, wenn du dauerhaft in vertrauensvolle Beziehungen und Freundschaften investierst. Wenn du nur in unglücklichen Zeiten auf Menschen zurückgreifst, die du lange Zeit vernachlässigt hast, dann hat sich eure Beziehung ggf. schon auseinandergelebt.

Werde kreativ

Zeichne dein magisches Bermudadreieck zwischen Familie, Freunden und Netzwerken sowie Phasen des regenerierenden Alleinseins. Welche Möglichkeiten siehst du, deine persönlichen Korallenriffe lebenswert und langfristig vor Schäden zu bewahren und zu erhalten? Schreibe Ideen in dein Bullet Journal. Ein gemeinsam zubereitetes Abendessen? Ein paar Stunden zu zweit an einem See? Im Wald spazieren oder joggen? Unternehmungen wie Museum, Ausstellungen, Kino, Theater oder Konzert? Kreativität kennt keine Grenzen. Erinnere dich, wie ihr in einer Partnerschaft die ersten Tage der Verliebtheit gemeinsam verbracht habt. Knüpft da an.

3.6 Finanztipps – all inclusive

Mit all inclusive schaue ich nicht nur auf die Ausgabenseite. Überlege nicht nur, wo du sparen kannst, sondern prüfe gleichzeitig deine Einnahmen. Verschaffe dir einen Überblick, wo du sofort bzw. in Zukunft gewinnbringend investierst. Tepperwein (2001) hat über das Geldgeheimnis geschrieben. Ein weiteres empfehlenswertes Buch hat Bodo Schäfer verfasst. Auch wenn die Inhalte seiner vor der Finanzkrise 2009 veröffentlichten Bücher z. T. heute nicht mehr zeitgemäß sein könnten, so findest du ansprechende Anregungen zu den Gesetzen der Gewinner (Schäfer 2003).

Werde kreativ und erstelle dir eine Liste aller Fixkosten

Wohnen, Nahrungsmittel, Mobilität, Vorsorge, Versicherungen, Rückzahlungsverpflichtungen usw. Rechne dir den prozentualen Anteil aus, den die jeweiligen Posten von deinen Einkünften ausmachen. Übe dich im Rahmen des Studium generale in der Erstellung von Diagrammen mit Excel. Überlege, wo du Ressourcen besser einsetzen bzw. solche Einsparungen vornehmen kannst, die dir nicht weh tun. Kaufe z. B. nur nach Einkaufszettel bzw. Einkaufslisten-App ein. Nutze Sonderangebote, wo es passt. Prüfe im nächsten Schritt, wie du Einnahmen verbesserst und Wissen gewinnbringend einsetzt. Der dritte Aspekt betrifft strategisch sinnvolle Investitionen. Frage dich bitte, was dir die eine oder andere Investition wert ist und wie sie dich weiterbringt. Zeit und Gesundheit sind hochwertige Ressourcen und ggf. kostbarer als Geld.

Hier ein Beispiel, bevor du selbst kreativ wirst. Statistik war mein „Gruselfach". Ich habe bis Klasse 10 in Mathe einiges nicht verstanden und öfter das Glück, dass der Stoff nach der Klausur nie wieder wichtig war. Doch im Modul Statistik für Naturwissenschaftler holten mich die Lücken ein. Ob nun Limes, Logarithmus oder die Eulersche Zahl – selbst Gauß und die linearen Funktionen waren mir nicht vertraut. Für ein Studium der Angewandten Psychologie ist Statistik essenziell. Die Professorin an der Apollon Hochschule gab sich große Mühe, doch hatte ich weder Zeit noch Lust, mich unzählige Stunden allein mit der Materie zu befassen. Ich verzweifelte, wenn Musterlösungen falsch oder für mich nicht nachvollziehbar waren und hatte das Gefühl, niemals den Überblick zu bekommen. Für mich bestand die Lösung darin, nicht nur meinen Nachhilfelehrer vom Abi, Stephan, um Hilfe zu bitten, sondern darüber hinaus das Repetitorium zur Vorbereitung zu nutzen. Den dreistelligen Betrag setze ich als Werbungskosten von der Steuer ab. In einer Stunde bei Stephan habe ich mehr verstanden als an einem Samstag im Selbststudium. Daher fiel meine Kosten-Nutzen-Rechnung deutlich zugunsten der professionellen Unterstützung aus. Exzellenter Privatunterricht ist nicht günstig, doch Statistik gehört zu den wesentlichen Modulen im Studium. Dank professioneller Unterstützung ist Statistik durchaus zu bewältigen, wenn man die Altlasten der Mathematik aufgearbeitet hat.

3.7 Beruf(ung) und Selbstpräsentation – multimodales Konzept

Was bedeutet multimodales Konzept? Der Begriff kommt u. a. aus dem medizinischen Bereich. Dort geht es um das Zusammenspiel unterschiedlicher Therapieverfahren, die in individueller Kombination zum Erfolg führen. Verstehe es als Puzzle deines beruflichen Visionsbildes. Auch wenn du noch nicht 100%ig weißt, was du genau erreichen möchtest, so bewege dich schon mal nicht nur „weg von…", sondern auch „hin zu…". Was heißt das? Strebst du eine berufliche Karriere an und bestichst nicht durch fachliche Brillanz als Informatiker in lilafarbener Cordhose und Wollpulli? Prüfe, wie sich erfolgreiche Menschen, die in dem Bereich tätig sind, wo du hinmöchtest, standesgemäß kleiden. Ja, ich habe in Abschn. 3.6 zum Thema Finanzen angeregt, hier und da ggf. zu sparen. Adäquate Kleidung, eine vorteilhafte Frisur und hochwertige Lederschuhe haben ihren Preis. Prüfe, inwieweit dein äußeres Erscheinungsbild wichtig und gewinnbringend nützlich ist. Entscheide, ob es für dich eine lukrative Investition ist. Für mich war eine junge Frau, die ich als modisch perfekt durchgestylt wahrnehme, eine kritische Beraterin. Für mich hatte es den Eindruck, als trage sie jeden Tag etwas anderes. Dahinter verbirgt sich eine ausgefeilte Strategie, nahezu alles mit allem in unterschiedlicher Art und Weise kombinieren zu können und durch Tücher, Schmuck und andere Accessoires modisch aufzupeppen. Ihre erste Einschätzung war vernichtend. Mindestens 50 % meiner Kleidung seien ein Fall für den Altkleidercontainer. Nach zwei Jahren hatte ich vieles tatsächlich aussortiert und durch wenige, dafür hochwertige Lieblingsstücke ersetzt. Selbstpräsentation im Hinblick auf die eigene Berufung zählt für mich zum Studium generale. Neben Kommunikationstrainings kann eine Typ- und Stylingberatung durchaus karrierefördernd sein.

Werde kreativ: Überlege, wie du kostengünstig an hochwertige Kleidung kommst

Kleider machen Leute und der erste optische Eindruck zählt häufig mehr als die auf den zweiten Blick erkennbaren inneren Wert und Qualifikationen. Durchstöbere deinen Kleiderschrank. Hilfreich sind qualitativ hochwertige Basisstücke, die man mit modischen Accessoires kombiniert. Auch für den Kleiderschrank bietet sich ein multimodales Konzept an. Findet sich im Familien- bzw. Bekanntenkreis jemand, der ein ehrliches Feedback zum Outfit gibt?

3.8   Studium generale bzw. in großem Bogen studieren

Das Beispiel mit dem Kleiderschrank zeigt, dass eine gelungene Kombination einzelner Bausteine großen Nutzen bietet. Den Themen Finanzmanagement, Selbstpräsentation, Persönlichkeitsentwicklung, Haushaltsmanagement und Büroorganisation, Zeit- und Selbstmanagement sowie Schlaf, Ernährung, Entspannung, Gesundheit, Freundschaft, Familie und Partnerschaft haben wir uns schon gewidmet.

> **Werde kreativ: Welche Themen sind dir im Rahmen eines Studium generale wichtig?**
>
> Bist du angehende Führungskraft, können dies Rhetorikkenntnisse, Verhandlungs- und Verkaufstechniken für eine vertriebsorientierte Tätigkeit sein oder pädagogische Fähigkeiten für eine Stelle mit Personalverantwortung. Schreibe auf, was dir einfällt. Schleppst du emotionale Altlasten mit dir herum? Ergibt es Sinn, diese Themen anzugehen und aus dem Weg zu räumen?

Mir hat es viel gebracht, den alten Zopf der gruseligen Mathematik abzuschneiden. Ziel war, Grundlagen zu verstehen und einen groben Überblick zu haben. Seitdem sind mir schwere Brocken von der Seele gefallen. Das Modul habe ich abgehakt, um mich danach wieder auf meine persönlichen Stärken zu fokussieren. Im Nachhinein wurde mir klar, wie extrem mich das Thema über Jahre als unerledigt blockiert und in die Vergangenheit zurückversetzt hatte. Mit Abgabe der Klausur habe ich die Mathematik bis rückwirkend zum Abitur mit losgelassen. Durch nicht alltägliche Lerntechniken wurde aus der Gauß'schen Normalverteilung ein kreatives Kunstwerk und die linearen Funktionen eine streng monoton steigende Erfolgsgerade mit möglichst kleinen Residuenquadraten. Wahrscheinlichkeiten wurden für mich anwendbar. Entscheidungstheorien habe ich anhand persönlicher Beispiele durchgespielt.

3.9 „Must haves" für Schatzsucher und Entdecker

Um ein Fernstudium gut abzuschließen, gibt es essenzielle Punkte zu beachten. Je nach Studiengang und persönlicher Lebenssituation kann das mehr oder weniger stark variieren. Neben einer guten Ausrüstung bezogen auf Lern- und Arbeitstechniken sowie -materialien gehört noch mehr dazu. Bedenke Faktoren wie Gesundheit, Zeit und Geld, Menschen und andere Ressourcen, aber auch Ideen und ggf. neue Glaubenssätze. Stelle jetzt zusammen, was dir wichtig ist. Dein Leitbild ist Thema in Kap. 4.

Werde kreativ

Was benötigst du, um dein Studium erfolgreich zum Abschluss zu bringen? Schreibe alles auf.

3.10 Die Ausrüstung für Perlen- und Korallenrifftaucher

Was verstehe ich unter Ausrüstung? Zu den Basics gehören ein gut ausgestattetes, aufgeräumtes und organisiertes Arbeitszimmer. Darüber hinaus helfen mir Strategien und Utensilien, um den Überblick zu behalten und mein Wissensnetzwerk effizient zu erweitern. Ein optimierter Fernstudium-Gesamtprozess ergibt sich durch effiziente Arbeit mit Citavi. Ausgangsbasis dafür ist eine Strategie, die Inhalte meiner Studienhefte zu erschließen, um ein persönliches Wissensnetzwerk aufzubauen.

Optimierter Fernstudium-Gesamtprozess im Detail

Wissen erarbeiten, lesen und Notizen machen und alles in Citavi einspeisen? Damit sinkt das Risiko, nicht ordentlich zu zitieren. Es reduziert Papierberge und du kommst schnell zu deiner Ausarbeitung. Gehe Buch für Buch durch und puzzle nach der Idee von Prof. Rau dein Gesamtkunstwerk später zusammen. Lese mit Zitatetiketten, Ablenkungsblock und einem großen Papierkorb. Deiner Kreativität sind keine Grenzen gesetzt.

Wie sieht der optimierte Fernstudium-Gesamtprozess im Detail aus?

1. Zunächst orientiere ich mich an agilen Prinzipien. Während LeMay (LeMay und Langenau 2019) sie auf ein ganzes Unternehmen bezieht, kommt er zu drei Leitprinzipien: Kundenorientierung, Kultur in der Zusammenarbeit sowie Unsicherheit einplanen: Veränderung ist gut, wenn ich sie will. Übertragen auf mein Fernstudium bedeutet das: Was genau fordert die Hochschule für die Prüfungsleistung bzw. den Abschluss? Welche persönlichen bzw. beruflichen Ansprüche stelle ich mir, bzw. werden an mich herangetragen? Wie etabliere ich eine Kultur der Zusammenarbeit mit Lehrenden, anderen Studierenden sowie persönlichen und beruflichen Kontakten? Wie nehme ich Unsicherheit als Geschenk wahr? Wie wecke ich meine Veränderungskreativität©?
2. Verschaffe dir einen Überblick über mögliche Quellen. Über das Literaturverzeichnis eines Studienheftes bzw. Buches bekommst du mehr Infos. Die Titel legst du in Citavi an. Das Inhaltsverzeichnis ist oft online bzw. über den Bibliothekskatalog verfügbar. Lege es mit ab. Zunächst hilft eine Grobgliederung in Citavi, die sich spä-

ter weiter verfeinert. Möglich sind Kapitel oder Schlüs-
selworte. Beispiel: Einleitung, Hauptteil Kap. 1, Fazit
oder z. B. Statistik als großes Schlagwort, Maßnahmen,
Settings usw. zur Unterteilung. Die Struktur bildet sich
ähnlich wie beim Mindmap zunächst aus großen Ästen,
die später in kleinen Zweigen auslaufen. Schlagworte
kommen oft über den Import von Quellen aus Biblio-
theken mit ins Projekt. Was sinnvoll erscheint, wird ergänzt, während ich überflüssige Tags lösche. Das Kategoriensystem bietet Struktur und hilft, um ökonomischer
zu schreiben, am Thema zu bleiben und es gibt bei späteren Projekten Inspirationen. Wichtiges lege ich als
wörtliches, indirektes bzw. als Bild- bzw. Dateizitat oder
als Zusammenfassung ab. Citavi nutzt hierfür verschie-
dene Farben. Vergib Schlagworte für inhaltliche Aspekte
und nutze Kategorien für die Oberpunkte der Kapitel.
Entwickle dein eigenes Kategoriensystem und entscheide dich für Gruppen wie „neu", „gesichtet" und
„zitiert". Klingt selbstverständlich? Ja, das ist es auch,
zumindest nach einer Phase der Eingewöhnung. Diese
Arbeitshaltung etabliert sich zügig zur Routine, insbesondere dann, wenn du zusätzlich dein Bullet Journal,
ein Lerntagebuch, Karteikarten, Plakate, Mindmaps,
usw. nutzt, um deine Ideen genau im Blick zu haben.

3. Ist das Buch in der Bibliothek vorhanden? Ich fülle mir
das Formular *Meine Fragen an das Buch* für jeden Titel grob aus und vermerke den Standort. Sollte es aus-
geliehen sein, merke ich es vor. Das notiere ich ggf. auch
auf dem Formular. Die Zettel für vorgemerkte Literatur
lege ich alphabetisch ab in meinem A5-Ordner für die
Unibibliothek, damit ich sie später wiederfinde, wenn
ein Buch zur Abholung bereitsteht. Wartezeit und Unterbrechungen entstehen, wenn Literatur aus der Uni-
versitätsbibliothek fehlt, wenn zu Hause technische
Möglichkeiten fehlen, um Quellen herunterzuladen

bzw. man auf eine Fernleihe oder ein bestelltes Buch warten muss. Manchmal ist es nur ein Tag oder Woche, doch das kann nerven. Abhilfe im Vorfeld schaffen vorweggenommene Phasen der Recherche. Wenn ich Literatur kaufe, vermerke ich das als Aufgabe in Citavi und kreuze es auf dem Formular an. Zunächst erweckt das Blatt vielleicht einen bürokratischen Eindruck, doch bei umfangreichen Projekten wie Hausarbeit oder Thesis hilft es, den Überblick zu behalten, nach Lernpausen zügig wieder punktgenau zurückzufinden und die digitale Ablage systematisch zu ordnen. Sorgfältiges Ausfüllen erleichtert eine zeitversetzte Bearbeitung. Man fokussiert sich zügig wieder. Beachte, dass lediglich eine nicht zitierte „vergessene" bzw. nicht mehr identifizierbare Quelle zum Plagiatsvorwurf führt. Wissenschaftliches Arbeiten bedarf großer Sorgfalt und Ordnung.

4. Scanne ich in der Bibliothek nur wenige Seiten, notiere ich das ebenso wie den Download eines E-Books vor Ort. In der Merkliste meines Bibliotheksbenutzerkontos sowie auf dem Blatt mache ich Notizen und lege eine Aufgabe in Citavi an.

5. Fallaufgabe lesen und einen Überblick verschaffen, was ich dafür brauche: Nachdem ich mir zunächst das Thema grob angeschaut habe, geht mein Blick konkret auf die Fallaufgabe. Wie gehe ich *kundenorientiert* vor? Was möchte der Tutor lesen? Was brauche ich an Input? Wie clustere ich mein Wissensnetz? Ist die Einsendeaufgabe ggf. Zeitverschwendung?

6. Studienheft lesen: Ich lese die Hefte mit Hilfe von Postits und Markern, um einen Überblick über die Inhalte zu bekommen. Da ich mit Inhalten bzw. der Aktualität oft auf Kriegsfuß stehe, sind die gewonnenen Infos lediglich die Basis für eigene Recherche. Für die Bearbeitung der Fallaufgaben nutze ich niemals Studienhefte, sondern verwende ausschließlich Fachliteratur. Die

Markierungen in meinen Büchern orientieren sich an den Farben, die Citavi nutzt bzw. ergeben sich daraus, welche Farbtöne übrigbleiben. Bei Markierungen habe ich mich festgelegt: Blau kennzeichnet Quellen/Literatur. Mit Rot/Orange markiere ich wichtige Textstellen, die ich zitiere. Gelb wird alles, was interessant, aber im aktuellen Kontext nicht wertvoll ist. Grün heißt kreative Nachrecherche und Brainstorming. Ich nutze radierfähige Stifte, z. B. Pilot Frixxion, wenn ich etwas markiere bzw. mit Kommentaren versehe. Die Stifte haben zwar den Nachteil, dass die Farbe mit der Zeit verblasst. Doch diesen „Bug" reframe ich zum Vorteil, mich zügig mit Inhalten auseinanderzusetzen und sie ggf. weiterzuverarbeiten, bevor sie verblasst sind. Wenn du „alles" auf Papier bearbeitest, kennzeichne die Unterlagen z. B. durch kleine bedruckte Adressetiketten, mit Quellenhinweisen, sofern sie nicht wie bei Buchkapiteln von Springer Links bereits als Fußzeile eingefügt sind. Eine ordentliche Ablage mit präziser Kennzeichnung ist im Hinblick auf sauberes wissenschaftliches Arbeiten mehr als die „halbe Miete". Pflückt man Kapitel ggf. auseinander, um Einzelseiten verschiedener Literatur zusammenzutragen, erleichtert ein Etikett die Arbeit, welches man über eine Seriendruckfunktion erzeugt. Es enthält mindestens folgende Informationen: Name des Autors bzw. Herausgebers, Titel des Buches, Erscheinungsjahr sowie die Angabe, in welchem Projekt des Literaturverwaltungsprogramms es abgelegt ist. Citavi-Projekte kennzeichne ich gerne mit C6 – für Citavi 6 und dem Namenskürzel der Studienhefte wie z. B. PEPS 1–3. Das bedeutet, dass ich auf ein Citavi-6-Projekt verweise, in dem ich die Quellen gespeichert habe. Projekte, die ich nicht in der Cloud gespeichert habe, die also noch in der Version 5 von Citavi sind, habe ich C5 genannt. Durch diese Kennzeichnung vermeide ich Informationsverlust.

Was verstehe ich unter den technischen Schulden des Lean Managements? Sauber abzuarbeiten statt „schnell-schnell" bedeutet, das recherchierte Material komplett zu archivieren, selbst wenn ich es final nicht verwende. Das hilft mir, fokussiert dranzubleiben, statt gedankliche und materielle Zerstreuung zu erleben. Bewegst du dich in einengenden Strukturen bzw. begrenzendem Umfeld? Dann erweitere deinen Horizont.

Werde kreativ

- Was gehört für mich zu optimaler Lernplanung? Arbeite ich an meiner Lesefähigkeit?
- Beherrschst du die Techniken des Brainstormings, Speed-readings und Mindmappings? Was brauchst du, um optimal zu lernen und dein Wissensnetzwerk zu erweitern?

7. Wie baust du dir ein persönliches Wissensnetz auf? Ziehe vertiefende Literatur hinzu, z. B. für Fallaufgaben und zur Klausurvorbereitung. Sammle Ideen und recherchiere, um präzise Antworten zu finden. Was ist, wenn du bei einer Recherche feststellst, dass du den Überblick verlierst und zu viel Material hast und dir trotzdem das Passende fehlt? Statt gezielt zu recherchieren, lesen wir uns oft in spannende Themen ein und verlieren den roten Faden. Und dann? (Diese Frage liebte ich schon als Kind zu stellen.) Formular *Meine Fragen an das Buch* ausfüllen, Ablage in Citavi und Quelle in Etappen *schmal* lesen. Was meine ich damit? Du reduzierst beim Lesen das Papier. Wenn ich mir z. B. ein Kapitel ausgedruckt habe, kann es gut sein, dass nur noch eine Seite davon übrig bleibt. Genau aus diesem Grund, auch wenn es perfektionistisch klingt, fülle das Blatt bitte vollständig aus. Du wirst feststellen, dass sonst wichtige Daten fehlen, z. B. beim Kurzbeleg oder bei

der Recherche in einer Bibliothek, weil du vielleicht die erste Seite des Kapitels, auf dem die Quellenangabe stand, weggeworfen hast. Querverweise helfen ggf. zu einem späteren Zeitpunkt, nochmal im Detail nachzulesen bzw. zitierte Quellen wiederzufinden. Verlierst den Überblick oder die Lust? Dann reduziere dein Material. Rom ist auch nicht an einem Tag erbaut worden. Insbesondere bei ausgedruckten Seiten bzw. Büchern, die du für kleines Geld gekauft hast und an denen dein Herz nicht hängt, hab den Mut, schmal zu lesen. Fülle den Papierkorb, „rip it out". Nutze ggf. mehrere Textmarker, die nicht auf die nächste Seite durchdrücken, sowie bunte Fähnchen und Klebezettel und gestalte dir den Text. Einzelne Post-its helfen, dort weiterzumachen, wo man aufgehört hat. Quadratische Haftzettel in Blau sind für mich ein Zeichen, hierfür noch Quellen zu besorgen – sofort, mit der nächsten Routine. Bei nächster Gelegenheit hole ich also ein Buch bzw. suche eine Definition heraus. Blaue Fähnchen symbolisieren mir Bedarf bzw. Interesse, aber nicht unmittelbar. Rot und orange markiere ich wichtige Infos. Was ich für Fragen von Fallaufgaben usw. benötige, markiere ich „normal" in Gelb. Grün steht für mich für eine kreative Nachrecherche, gerne z. B. auch als neues Projekt und ergänzt um grüne Karteikarten. Oft lese ich Bücher gleich in der Bibliothek quer, um den Nutzen einzuschätzen und den Aufwand für Ausleihe mit Hin- und Rücktransport kritisch zu betrachten. Lohnt sich der Titel? Wenn man Fragen vorab formuliert, fällt sowohl die Ausleihe und später die Ablage in Citavi leichter. Scans von Einzelseiten lege ich ebenfalls in Citavi ab. E-Books drucke ich z. T. kapitelweise im DIN-A5-Format. Die Seiten lese ich oft unterwegs und werfe Überflüssiges sofort weg, also *schmal* lesen. Ich kaufe mir Literatur immer dann, wenn ich diese passend finde und sie eine große Anzahl Seiten an für mich relevanter Information enthält. Bücher, aus denen man nur 2 Seiten braucht, nehmen unnötig Platz weg. Oft kann man auf alte Auflagen zurückgreifen, insbesondere bei Herausgeberwerken, wenn man nur einzelne Beiträge benötigt. Wer sich Bücher gebraucht besorgt, dem fällt es ggf. nicht schwer, mit dem Buch für 2–3 Euro intensiv zu arbeiten. Was meine ich damit? Farbige Markierungen, Seiten herausreißen, durchstreichen, Kommentare ergänzen usw. Bei vielen teuren, "wertvollen" Büchern fällt einigen Menschen eine solche intensive Bearbeitung eines Buches oft schwer. Teilweise werden alte Primärquellen für kleines Geld angeboten. Trage Material zusammen, werde kreativ, sortiere neu, markiere und komprimiere. Ein optimales Skript enthält nach Meinung von Dr. Marius Ebert, dem Spaßlerndenk-Experten, nur so viel wie nötig, aber so wenig wie möglich. Falls es dir schwerfällt, bearbeitete Notizen zu entsorgen, scanne diese ggf. ein und lege das PDF als Datei beim Titel in Citavi ab. Citavi bietet eine Funktion zum Übertragen von Zitaten zu Microsoft Word. Dies setzt eine digitale Bearbeitbarkeit ohne Schreibschutz bzw. das Abtippen voraus. Im Rahmen der Bachelorarbeit bzw. bei der Präferenz zu elektronischer Bearbeitung von Texten am PC ist dies eine gute Möglichkeit und ein sinnvoller und effizienter Weg. Wer weiterhin lieber mit Papier, Post-its, bunten Stiften und Markierungen „offline" arbeitet, wägt ab, wann sich dieser zusätzliche Arbeitsschritt lohnt. Aufwand und Nutzen sind zu prüfen. Um Citavi nach Themen zu organisieren, arbeite mit unterschiedlichen Projekten. Die Namen können sich an den Modulen orientieren. Nutze Citavi-Projekte gemeinsam mit Kommilitonen. Tauscht euch aus.

Werde kreativ

Schreibe dir auf, was du optimieren, delegieren und abschaffen bzw. wo du umdenken magst. Welche Kategorien kommen infrage? Was sortierst und kategorisierst du? Was fliegt weg?

8. Ist das Wissen recherchiert und sind passende Lösungen gefunden, dann bereite das Material zur Lösung deiner Aufgabe final auf.
9. Zum Schluss vergiss nicht die formalen Kriterien und das Korrekturlesen.

3.11 An Bord eines Ozeanriesen der Luxusklasse?

Wie möchtest du dein Fernstudium ausgestalten? Magst du schnell, einfach und unkompliziert zum Abschluss kommen oder inhaltlich alles mitnehmen, was sich anbietet, ggf. inklusive Auslandssemester? Vergleiche die Ausgestaltung mit der Planung einer langen Reise, z. B. auf einem Kreuzfahrtschiff. Für manche bedeuten Ozeanriesen Luxus, all inclusive und Entspannung pur. Andere fühlen sich auf einem Kreuzfahrtschiff mit 1000 Menschen gefangen. Massenabfertigung im Bordrestaurant oder kuschelige Enge und Zweisamkeit in einer Innenkabine? Bilde dir selbst ein Urteil. Entscheide dich ggf. für die Freiheit eines Segelbootes, das sich vom Wind treiben lässt oder wähle eine exquisite Motorjacht. Magst du es individuell und persönlich mehr oder weniger komfortabel, organisierter oder freier – es ist deine Reise, deine Entscheidung. Wer seekrank wird, kann sich für einen Hubschrauber, ein Segelflugzeug, einen Touristencharterflug, eine Linienmaschine oder viele andere Transportmöglichkeiten von A nach B entscheiden.

> **Werde kreativ: Treffe deine Reisevorbereitung zum Bachelor; plane dein Studium konkret**
> - Notiere dir, was du an Ressourcen einplanst. Denke u. a. an Material, Ort, Zeit und Geld. Konkret: Plane dein Budget, deine Lernorte und deine Zeitfenster sowie den Umfang deiner Lernmaterialien.
> - Welche Menschen und Ressourcen, aber auch Wertvorstellungen, Maßstäbe, Regeln Glaubenssätze, Gedanken und Gefühle beziehst du in deine Planungen ein?
> - Findest du noch Ergänzungen, woran du zusätzlich denken möchtest? Kreativität, Planungs- und Organisationsgeschick sowie Zeit- und Finanzmanagement sind neben anderer Ressourcenplanung gefragt.

3.12 Selbstmanagement: Finde ETWAS(Z), was dich antreibt

Studierst du fern, um selbstbestimmt und intrinsisch motiviert persönlich und beruflich weiterzukommen? Gibt es **ETWAS(Z)**, was dich antreibt? Schreibe alles in dein Bullet Journal, also in dein Logbuch, was dich bewegt. Welche Veränderungen strebst du an?

E steht für engagiert und erfahren. Bleibe an Ideen dran und schwimme förmlich im Flow. Dann sammelst du schnell weitreichende Erkenntnisse, die dich in deinem Leben weiterbringen. Wird dir das alles zu umfangreich? Prüfe dein Zeitmanagement: **T** wie Time – ge-managed. Ich habe festgestellt, dass ich in meinem Fernstudium bei der Fülle der Materialien unendlich Zeit damit verschwendet habe, Unterlagen zu suchen. Geholfen hat mir hier u. a. ein großer Papierkorb. Ja, ich weiß, dass man Papier nach Beate Uhse nur einmal anpackt, doch Wegwerfen zählte lange nicht zu meinen Stärken. Könnte ich es nochmal brauchen? Mit dieser Haltung habe ich viel Zeit vergeudet und hatte das Gefühl, nie weiterzukommen. Was hat mir schließlich

geholfen? Ideen und die systematische Suche nach der Ursache für meine „hortende" Angewohnheit. Als Kind ver-
brachte ich ein Jahr im Kinderhort. Obwohl es dort nett
war, fühlte ich mich geparkt bzw. abgestellt, denn meine
Lieblingsspielsachen bzw. meine Freunde warteten zu
Hause. Dieses Zwischenparken zog sich weiter durch mein
Leben. Ich hatte selten die Gelegenheit durchzustarten,
fühlte mich oft zwischengeparkt, durch Umzüge ständig
auf dem Sprung, oft nur kurz am gleichen Ort. Lange habe
ich gefühlt in der Warteschleife gelebt und deshalb vieles
aufbewahrt und auf später verschoben, wenn ich in Ruhe
Zeit dafür haben würde. Es erinnerte mich an meine Kolle-
gin, die immer erzählte, was sie alles tun wollte, wenn sie
bald in Rente gehe. Doch natürlich kam es dann anders. Welche Einfälle hatte ich? Zunächst einmal sammelte
ich viele Ideen, habe sie immer wieder aufgeschrieben,
Konzepte weiter verfeinert und massenweise Papier und digitale Dokumente abgelegt. Um die Sachen wiederzufinden, habe ich mich für Citavi entschieden. Nach anfängli-
chen Schwierigkeiten habe ich an der Universität einen
Kurs besucht, um effizient damit zu arbeiten und Unterlagen systematisch abzulegen. Ziel war es, **W** wie Wissen
strukturiert aufzubauen. Inspiriert haben mich dazu Ideen
aus dem Minimalismus. Dort ist die Rede davon, nur noch
wenige geliebte Dinge zu behalten und den Rest wegzuge-
ben. Das Wort Lieblingsstücke tauchte in einem der un-
zähligen Ratgeber auf, die mir in einer Buchhandlung in
die Hände gefallen sind. Probiere doch mal aus, dich mit
einer konkreten Fragestellung in einen völlig anderen Kontext zu begeben und dort auf eine Lösung zu hoffen. Schau
mal, was passiert. Als ich meine Papierablage optimierte,
inspirierte mich die Abteilung mit Schrauben im Baumarkt.
Warum? Alles war so wunderbar geordnet. Es gab ein riesi-
ges Sortiment, Schrauben waren in sämtlichen Längen, mit

sämtlichen Schraubenkopfprofilen und diversen sonstigen Varianten vorhanden. Als ich Spaß daran fand, künstlerisch tätig zu werden, war ich oft in Schreibwarengeschäften und schaute nach buntem Papier, Stiften, Farben. Ich lies mich dort inspirieren wie von der Vielfalt der Schrauben im Baumarkt. Das wurde irgendwann teuer. Zudem war dort die Luft bei 35 Grad im heißen Sommer des Jahres 2018 stickig. So zog ich in den Wald, um dort den Reichtum an Variationsmöglichkeiten bei Bäumen, Blättern usw. zu genießen und mich inspirieren zu lassen. Im Hochsommer war es dort angenehm kühl. Im Herbst inspirierten mich buntes Laub und das vielfältige Farbenspiel der Natur. Im Winter sah ich den Wald von einer völlig neuen Seite. Leider keine Spuren im Schnee, denn den gab es selten in der letzten Zeit. Doch das Laub war gefallen und die Nadelbäume zeigten die Schäden der heißen Augusttage. Achtsamkeit bedeutet, Dinge anders wahrzunehmen. Das lernte ich im Wald. Diese Aufmerksamkeit und Geistesgegenwart ist es u. a., die mir heute hilft, mich auf eine veränderte Arbeitswelt besser einzustellen. Damit sind wir beim nächsten Punkt: **A** wie arbeitsmarktbezogen, also auf Fähigkeiten ausgerichtet, die mir in Zukunft beruflich helfen. Digitalisierung und Nachhaltigkeit sind markante Schlagworte. Ich verzichte häufiger auf Papier und führe es zügig dem Recycling zu. Zur Nachhaltigkeit gehört für mich auch, Dinge, die ich nicht mehr brauche, weiterzugeben und Schwarmwissen zu nutzen. Spuren zu hinterlassen zählt für Peter Buchenau als gewinnbringende Fähigkeit für den Arbeitsmarkt. „Wer vergleichbar ist, ist jederzeit austauschbar" (Buchenau 2018). **S(Z)** – wie zukunftsorientiertes Storytelling. Was ist damit gemeint? Das Motto einer Seminarleiterin, deren Namen ich leider vergessen habe, war: Tu Gutes und rede möglichst laut darüber. (Nein, nicht schreien, sondern sie meinte damit, es jedem zu erzählen, der es hören wollte oder ggf. auch nicht.) So ist Storytelling nicht gemeint. Zumindest verstehe ich es anders. Zahlreiche Bücher zum Thema finden sich z. B. über Springer Link. Inspirierend finde ich Storytelling, um Mitmenschen in seinen Bann zu ziehen. Du hast die Gelegenheit, durch intensive Gespräche am Schwarmwissen anderer teilzuhaben.

> **Werde kreativ und erstelle ein Mindmap mit Zeit- und Selbstmanagementtechniken**
>
> Markiere, wenn du damit fertig bist, wenig verhasste Möglichkeiten mit „-" bis „---" für Techniken, die für dich überhaupt nicht in Frage kommen. Ideen, die dir gefallen, hebst du bitte mit „+" hervor bis hin zu deinen Lieblingstechniken, die du mit „+++" kennzeichnest. Möglichkeiten, die du bisher nicht nutzt, bekommen eine neutrale „0".

Literatur

Bergmann K, Deutsche Presseagentur (2020) Löws Aufruf an die Welt: „Wir müssen uns hinterfragen". Schwäbische Zeitung. https://www.schwaebische.de/sport/ueberregionaler-sport_artikel,-löws-aufruf-an-die-welt-wir-müssen-uns-hinterfragen-_arid,11201651.html. Zugegriffen am 22.03.2020

Boice R (1989) Procrastination, busyness and bingeing. Behav Res Ther 27:605–611. https://doi.org/10.1016/0005-7967(89)90144-7. Zugegriffen am 08.03.2020

Brunstein JC (1990) Hilflosigkeit, Depression und Handlungskontrolle, 12. Aufl. Hogrefe, Göttingen, S 12, 19, 31, 70, 73

Buchenau P (2018) Mach, was dein Herz dir sagt: Lebe deine Persönlichkeit und hinterlasse Spuren. metropolitan, Regensburg, S 28

Covey SR (2014) Der Weg zum Wesentlichen: Der Klassiker des Zeitmanagements, 7., erw. Aufl. Campus, Frankfurt, S 35, 70–71, 77, 81, 125–130

Denner A (2004) Du kannst der Beste werden: Das Leadership-Handbuch FPZ Stiftung, Köln, S 108–109

Duden (2020). https://www.duden.de/rechtschreibung/agil. Zugegriffen am 08.03.2020

Hansch D (2008) Persönlichkeit führt: Sich selbst und Mitarbeiter wirksam coachen. Grundlagen der Psychosynergetik®. Gabal, Offenbach, S 148

Höcker A, Engberding M, Haferkamp R, Rist F (2012) Wirksamkeit von Arbeitszeitrestriktion in der Prokrastinationsbehandlung. Verhaltenstherapie 22:9–16. https://doi.org/10.1159/000334970

Lehmann S (2020) Anti-Stress-Trainer für Fernstudierende. Springer Verlagsgruppe, Wiesbaden

LeMay M, Langenau F (2019) Agil im ganzen Unternehmen: Wie Sie eine dynamische, flexible und kundenorientierte Organisation gestalten. dpunkt, Heidelberg, S 24, 66, 86

Nöteberg S (2011) Die Pomodoro-Technik in der Praxis: Der einfache Weg, mehr in kürzerer Zeit zu erledigen. dpunkt, Heidelberg

Schäfer B (2003) Die Gesetze der Gewinner: Erfolg und ein erfülltes Leben. dtv, München

Senftleben R (2020) Wochenplan. https://zeitzuleben.de/ein-wochenplan-fur-dein-zeitmanagement/. Zugegriffen am 10.04.2020

Seuffert M (2011) Die acht Entwicklungs-Verschwendungen. https://mayberg.se/media/downloads/eight-development-wastes-deutsch.pdf. Zugegriffen am 01.03.2020

Tepperwein K (2001) Das Geldgeheimnis: Über den meisterhaften Umgang mit Geld, 3. Aufl. Goldmann, München

Tolle E (2014) Leben im Jetzt: Das Praxisbuch. Goldmann, München

4

Der individuelle Reiseplan im Detail – persönliches Leitbild

Auf geht es mit deiner individuellen Reiseplanung. Vermutlich fallen dir 1000 Dinge ein, die du berücksichtigen möchtest, solltest oder förmlich willst? Dann schnapp dir dein Bullet Journal mit all deinen Aufzeichnungen. Zieh dich für mindestens 2–3 Stunden an einen ungestörten und gemütlichen Ort zurück und starte durch.

Werde kreativ: Was treibt mich an?
- Welche Kindheitsträume in mir drängen auf Erfüllung?
- Welche Glaubenssätze und inneren Widerstände behindern mich dabei? Was blockiert mich?
- Wie gewinne ich an Lebensqualität? Wie wünsche ich mir mein Leben in Zukunft? Und wie ab heute?
- Was ist wertvoll, was ich tue? Welche verborgenen bzw. wenig genutzten Talente habe ich?
- Was schätzen andere an mir? Wo tragen meine Stärken zur Verbesserung der Welt bei?

© Der/die Herausgeber bzw. der/die Autor(en), exklusiv lizenziert durch **63** Springer Fachmedien Wiesbaden GmbH, ein Teil von Springer Nature 2020
S. Lehmann, *Übungsbuch zum Anti-Stress-Trainer für Fernstudierende*, Anti-Stress-Trainer, https://doi.org/10.1007/978-3-658-30725-7_4

4.1   Die Crew an Deck und Schiffslotsen

Werde kreativ: Erstelle dir eine Mindmap und visualisiere deine Crew und Schiffslotsen.

- Welche Menschen gehören zu deinem direkten persönlichen Umfeld?
- Wer raubt dir Energie? Wer unterstützt dich? Nimmst du ggf. professionelle Hilfe in Anspruch, z. B. Therapeuten, Nachhilfelehrer, Kinderbetreuung bzw. Pflegekräfte für Angehörige?

4.2   Instrumente zur Navigation

Werde kreativ und suche nach Unterstützung

- Welche Möglichkeiten der Unterstützung durch Menschen, Technik, Material usw. hast du?
- Was kannst du delegieren oder sein lassen? Ziehe Bilanz, was du hast bzw. was dir fehlt.
- Prüfe auf Win-win-Situationen und auch darauf, was du in welchem Umfang für andere tust.

4.3   Tag und Nacht entspannt an Bord

Werde kreativ und entwickle SMARTE Tätigkeitsziele

- Etabliere Routinen, um effizient zu arbeiten und ebenso Gewohnheiten, die den Alltag vereinfachen.
- Denke auch an Entspannungstechniken. Recherchiere Literatur, Youtube-Videos usw.

4.4 Blinde Passagiere und die geistige Mannschaft

Werde kreativ, ziehe Bilanz und starte durch
- Was treibt dich an? Wer treibt dich an? Sammle, was dir guttut und wovon du mehr möchtest.
- Schaue, was dir nicht guttut. Wer sabotiert dich? Wovon möchtest du dich distanzieren?
- Um aus Defiziten Kompetenzen zu generieren, lies bei Mücke (2001, 2004) nach. Sammle Ideen.

4.5 Auf effiziente Zusammenarbeit der Schiffsmannschaft

Nimm nun alle Komponenten zusammen und entwickle eigene Lebens- und Lernideen. Fühle dich selbst, nimm deine Bedürfnisse wahr und lerne dich mit allen Sinnen kennen – allein und in Zweisamkeit. Verabschiede dich davon, lediglich Verluste zu minimieren, sondern richte dein Leben aufs Gewinnen aus. Was meine ich damit? Robbins (2015) schreibt, dass für viele Menschen die Angst zu verlieren größer sei, als der Wunsch zu gewinnen. Grund dafür sei, dass wir mit Verlusten z. B. Schmerz verknüpfen. Beachte, dass sich wiederholende Elemente verfestigen bzw. als Gewohnheit einschleifen oder einbrennen und dass du dein Leben selbst planst, weil andere es sonst für dich tun, so Robbins weiter. Robbins hat die Technik der neuroassoziativen Konditionierung (NAC) entwickelt. In sechs Schritten werden Veränderungen in die Wege geleitet. Ob du diesem Modell der Umwandlung folgst oder z. B. der Heldenreise aus Voglers Odyssee des Drehbuchschreibers (2007), das ist egal.

Letztendlich sind es folgende Fragen, auf die du deine Antworten brauchst:

Werde kreativ

- Was will ich?
- Was hält mich ab? Wie unterbreche ich das Muster, um eine Veränderung herbeizuführen? Welche Alternativen habe ich? Wie konditioniere ich das ersetzende Verhalten?
- Ist die Wandlung mit meiner Umwelt bzw. meinem sozialen Umfeld vereinbar? Dann probiere ich sie.

Im Detail betrachtest du dazu jeweils Vor- und Nachteile, Freude sowie inneren und äußeren Schmerz. Wäge ab, woran du festhalten magst bzw. was Bestand haben soll und was du (sofort) verändern möchtest. Was schiebst du bisher auf oder worüber denkst du nur an eine Möglichkeit im Konjunktiv (sollte, müsste, könnte, dürfte)? Um diesen Punkten auf die Spur zu kommen, schau dir Tagebuchaufzeichnungen an. Hinweise findest du auch in Chats mit Freunden, in denen du immer wieder über mögliche Probleme, Pläne oder Ideen schreibst und diese ggf. doch nie oder nur sehr zögerlich in Angriff nimmst. Schau, wie du im Sinne des Reframings etwas umdrehen kannst, um zu Deiner individuellen Lösung zu kommen.

Robbins (2015) ist der Überzeugung, dass innerer Schmerz leidvoller sei als äußerer Schmerz. Dazu stellt er die Frage nach dem richtigen Zeitpunkt. Hierbei spielen u. a. Freude, finanzielle Anreize, persönliche Weiterentwicklungsmöglichkeiten, Wertschätzung, Belohnung und Anerkennung sowie regelmäßige Verstärkung bzw. Wiederholungen eine Rolle.

4.6 Mein Kompass: persönliches Leitbild final auf den Punkt gebracht

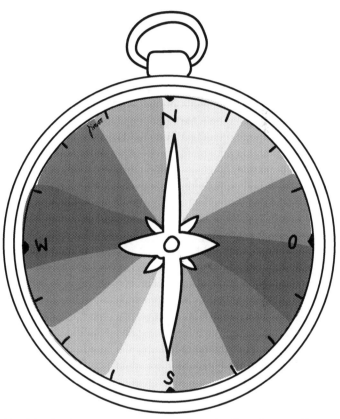

Erschließe dein eigenes Potenzial und schöpfe es voll aus. Dabei hilft dir ein Leitbild, worin du z. B. gesunde Ernährung, körperliche Bewegung und geistig-seelische Beweglichkeit als wichtige Punkte verankert hast. Denkst du ständig darüber nach, was du denkst und was dich bewegt, dann liegt die Vermutung nahe, dass die innere Einstellung einen großen Einfluss darauf hat, wie du dein Leben ausrichtest. Erlebst du Phasen, in denen du ggf. zu viel oder nicht zielgerichtet denkst? Gibt es Zeiten, in denen du evtl. nicht zielstrebig genug bist und zu wenig an deinen Gedanken ausgerichtet lebst? Mit dem persönlichen Leitbild und Kompass lässt sich das ändern. Die einzelnen Puzzleteile dafür hast du während des Lesens bereits zusammengetragen und diejenigen, die das erste Buch von mir gelesen haben, haben schon zu Beginn dieser Lektüre damit angefangen.

Wie richte ich beides, Gedanken und Handlungen, gezielt aufeinander aus? Kommen wir zurück zum Bild des Leuchtturms, der Weitblick und Orientierung bietet. Nach Denner stellt man zunächst die innere Einstellung auf den Prüfstand, um das Denken zu ändern. Er zitiert dazu die Basketballlegende Michael Jordan:

> Die Grundeinstellung unterscheidet die guten von den wirklich herausragenden Sportlern. (Denner 2004, S. 25)

Ziel ist:

> Lerne von den Besten! (Denner 2004, S. 25)

Denner zitiert auch Ken Blanchard:

> Eine echte Verhaltensänderung erfordert daher immer zunächst eine Veränderung der inneren Haltung. (Denner 2004, S. 26)

> Wenn Sie wirklich fest entschlossen sind, können Sie beinahe alles bewerkstelligen. (Robbins 2015, S. 29)

Wenn du dich verändern möchtest, denke und verhalte dich anders. Sammle neue Erfahrungen und erweitere deinen persönlichen Horizont. Schau mit einem weiteren Blick auf die Welt. Inspirierende Lektüre zum Thema bieten Mücke (2001, 2004) und Robbins (2015).

Unsere Gegner sind Lehrer, die uns nichts kosten (Ferdinand Vicomte de Lesseps, Ingenieur und franz. Minister). (Denner 2004, S. 50)

Werde kreativ, denke nach und schreibe auf

- Worüber regst du dich auf? Welche Kollegen, Vorgesetzten und Wegbegleiter in deinem Umfeld ärgern dich immer wieder? Hast du Feinde oder gibt es Menschen, die dir den Erfolg nicht gönnen? Frag dich, warum.
- Worüber sorgst du dich? Was blockiert dich? Denner (2004) versteht darunter „geistige Gifte", die dich in der Entfaltung deiner Antriebskraft und Kreativität blockieren. Im Einzelnen beschreibt er Bewertungen, Vergleiche, (Ver)Urteile(n), Ärger, Hass und Versuchung. Ich habe seine Liste um weitere Punkte ergänzt: Worauf bist du neidisch? Was gönnst du anderen nicht? Wo redest du verwerflich über Leute aus deinem Umfeld? Darüber hinaus schau genau hin, falls ein anderer Mensch auf dich neidisch ist, wenn dir Mitmenschen etwas nicht gönnen oder sich jemand unangemessen über dich aufregt oder abwertend von dir spricht.
- Frage dich bei all diesen Aspekten: Was hat das mit mir zu tun?
- Besinn dich auf Ferdinand Vicomte de Lesseps und nimm diese Anregungen als kostenfreien Privatunterricht an. Ergänzend zum Thema hilft dir ggf. die Methode „The Work" von Byron Katie. Recherchiere hier mal nach, wenn du das Gefühl hast, dass sich ab und zu die Welt gegen dich verbündet.
- Widme dich darüber hinaus deinen Gefühlen.

Mehr zum Thema Gefühle findest du u. a. bei Cameron-Bandler und Liebeau (1997), bei Damasio (2001, 2003, 2015), Dijksterhuis (Dijksterhuis et al. 2010), Roth (2001) und Storch (2010, 2017).

Elisabeth Kübler-Ross arbeitete mit Sterbenden und formulierte:

Die Tragik des Lebens liegt nicht in seiner Kürze, sondern darin, dass man meistens zu spät erkennt, was wirklich wichtig ist. (Denner 2004, S. 77)

Bringe jetzt auf den Punkt, was dir am Herzen liegt. Notiere es in den Kompass. Beginne, deine Lebensträume zu verwirklichen. Durch die Corona-Pandemie haben sich vielleicht deine Prioritäten und Werte im Leben verändert, die du ggf. noch vor einiger Zeit aufgeschrieben hast. Formuliere so, dass es jedes Kind versteht, was du meinst. Kurz und knackig. Wenn dich zukünftig jemand nach deiner Lebensvision fragt, bring es wie einen Elevator Pitch eindrucksvoll auf den Punkt. Sagt dir das bisher nichts? Dann recherchiere nach. Hinter der Methode verbirgt sich ein positives werbewirksames Statement, das deine einzigartige Idee auf den Punkt bringt. Bei deiner Vision geht nicht darum, lange To-do-Listen bzw. die Arbeit oder das Fernstudium als Lebensaufgabe zu sehen. Es sollte etwas sein, wofür du brennst und was dir persönlich entspricht. Übernimm keine Floskeln anderer für dich, wenn du diese nicht 100%ig teilst. Versuche nicht, eine Lebensaufgabe eines Familienmitgliedes zur eigenen zu etablieren. Besinne dich auf deine Fähigkeiten, Talente und Wünsche und nicht darauf, was man von dir erwartet. Inspiriert von Laurie Beth Jones (Jones 1996) lege dafür persönliche Wertmaßstäbe zugrunde, frag dich, was du genau bewirken willst (Liste von Verben) und definiere deine Zielgruppe. Dabei hilft es, wenn du dir Fragen stellst und dir ausmalst, wie du dir dein Leben im Detail vorstellst. Am Ende gestalte gerne eine persönliche Visionscollage nach Vorbild von Karl Wiesner (2019).

Literatur

Cameron-Bandler L, Lebeau M, Milojevic V (1997) Die Intelligenz der Gefühle: Grundlagen der „Imperative self-analysis", 3. Aufl. Junfermann, Paderborn

Damasio AR (2003) Der Spinoza-Effekt: Wie Gefühle unser Leben bestimmen. List, München

Damasio AR (2015) Descartes' Irrtum: Fühlen, Denken und das menschliche Gehirn, 8. Aufl. List, München

Damasio AR, Kober H (2001) Ich fühle, also bin ich: Die Entschlüsselung des Bewusstseins, 3. Aufl. List, München

Denner A (2004) Du kannst der Beste werden: Das Leadership-Handbuch. FPZ Stiftung, Köln, S 25, 26, 50, 77, 98

Dijksterhuis A, Höhr H, Roth G (2010) Das kluge Unbewusste: Denken mit Gefühl und Intuition, 2. Aufl. Klett-Cotta, Stuttgart

Jones LB (1996) The path: Creating your mission statement for work and for life. Hachette Books, New York

Mücke K (2001) Probleme sind Lösungen: Systemische Beratung und Psychotherapie – ein pragmatischer Ansatz; Lehr- und Lernbuch, 2., völlig überarb. u. erw. Aufl. Mücke Ökosysteme, Potsdam

Mücke K (2004) Hilf Dir selbst und werde, was Du bist: Anregungen und spielerische Übungen zur Problemlösung und Persönlichkeitsentfaltung: Systemisches Selbstmanagement. Mücke Ökosysteme, Potsdam

Robbins A (2015) Das Robbins Power Prinzip, 7. Aufl. Ullstein, Berlin, S 29, 51, 57, 61–62, 129–158

Roth G (2001) Das Gehirn und seine Wirklichkeit: Kognitive Neurobiologie und ihre philosophischen Konsequenzen, 6. Aufl. Suhrkamp, Frankfurt am Main

Storch M (2010) Die Sehnsucht der starken Frau nach dem starken Mann. Goldmann, München

Storch M (2017) Das Geheimnis kluger Entscheidungen: Von Bauchgefühl und Körpersignalen, 10. Aufl. Piper, München/Berlin/Zürich

Vogler C, Kuhnke F (2007) Die Odyssee des Drehbuchschreibers: Über die mythologischen Grundmuster des amerikanischen Erfolgskinos, 5., ak. u. erw. Aufl. Zweitausendeins, Frankfurt am Main

Wiesner K (2019) https://www.berg-meditation.de/wp-content/uploads/Vision-board.jpg

5

Die Generationen der Seefahrer: Babyboomer, „Generation Golf", Millennials und Digital Natives in einem Team

Im ersten Buch habe ich die Generationen der Seefahrer bereits ausführlich beschrieben (Lehmann 2020). An dieser Stelle gehe ich vertieft darauf ein, wie die Generationen besser zusammenarbeiten und voneinander lernen können.

5.1 Traditionelle Weisheiten von den Babyboomern lernen

Lerne von den Babyboomern Fairness und Teamfähigkeit. Lege ggf. mehr Wert auf Materielles und Sicherheit, wenn du nicht zu dieser Generation gehörst. In der jüngeren Welt hat ein eigenes Auto beispielsweise keinen so hohen Stellenwert mehr. Seid fair. Ein harmonisches Gleichgewicht entsteht durch Geben und Nehmen. Gehörst du zu den „alten Hasen", dann überdenke ggf. deine Einstellung. Wer so flexibel ist bzw. sein muss wie die „jungen Wilden", kann sich nicht zu viel materielle Dinge ans Bein binden. Bei al-

S. Lehmann, *Übungsbuch zum Anti-Stress-Trainer für Fernstudierende*, Anti-Stress-Trainer, https://doi.org/10.1007/978-3-658-30725-7_5

ler Fairness – eine gute Mischung aus Flexibilität und Sicherheit bzw. Tradition hilft zu einem besseren Miteinander.

5.2   Im Fahrwasser der „Generation Golf"

Sicherheit, Karriere und Wohlstand sind wichtig, aber nicht alles. Mein Haus, mein Job mein Partner sind nicht immer das Nonplusultra. Zielstrebigkeit ist eine sinnvolle Tugend, doch jage nicht jeder Höchstleistung hinterher. Euer Leben beginnt nicht erst nach dem Burn-out oder wenn ihr im Unruhezustand (in der Rente) seid. Optimieren und alles allein schaffen zu wollen, führt Leistungsträger nicht selten in eine tiefrote persönliche Energiebilanz. Gesundes Misstrauen ist ab und zu sicher angebracht, das hebt uns von den sorglosen jüngeren Generationen ab. Doch es lebt sich leichter, wenn man Freunde hat, denen man absolut vertraut. Schaut zu den älteren und den jüngeren Generationen. Sie beherrschen es deutlich besser als unsere Kohorte. Konsum und Lustprinzip muss nicht zwangsläufig persönliche Erfüllung bedeuten. Inspiriert euch von minimalistischem und flexiblem Denken einiger „jungen Wilden". Man muss nicht alles besitzen.

5.3   Highlights am Horizont der Millennials

Gewöhnt euch daran, dass andere nicht immer für euch sorgen. Ihr habt den Luxus einer wohlbehüteten Erziehung genossen. Außerdem ist es selbstverständlich für euch, „always on" zu sein und rund um die Uhr Hilfe über soziale Medien zu erhalten. Bitte seid mir nicht böse, wenn ich nun schreibe, dass euch etwas mehr Selbstverantwortung guttun würde. Eure fordernde Anspruchshaltung stößt bei vielen Älteren oft negativ auf. Kümmert euch auch mal selbst und übernehmt Verantwortung. Schließlich wollt ihr (hohe) Führungspositionen bekleiden und Respekt erhalten. Dazu gehört es auch, sich mit dem Unternehmen, für welches ihr arbeitet, ggf. etwas mehr zu identifizieren, als ihr es bisher tut. Eure Vorgänger haben sich ggf. aufgeopfert für den Job. Die goldene Mitte wäre eine Möglichkeit. An Engagement und Motivation mangelt es euch nicht. Eure Generation hat die Gabe, andere zu motivieren und zu Höchstleistungen anzutreiben. Bitte bedenkt, dass nicht alle so straight sind, wie ihr das seid.

5.4 Auf den Frequenzen der Digital Natives

Flexibilität und neue Medien haben bei euch den höchsten Stellenwert. Ihr lebt mit größter Leichtigkeit. Manche Ältere wünschen sich, dass ihr etwas mehr Verantwortung übernehmt. Sicherlich tut ihr das, wenngleich ggf. auch auf eure besondere Weise. Fridays for Future zeigt, wie schnell ihr Freitage wandelt und wie wichtig euch bestimmte Themen sind. Ihr bekommt mehr Respekt von den Älteren, wenn ihr flexibler darauf reagiert, wie eure Mitmenschen ticken. Kämpft weiter für das Klima, aber nehmt die anderen mit, damit sie euch besser verstehen, euch ernst nehmen und mit euch gemeinsam an einem Strang ziehen.

5.5 (Schreib-)Blockaden überwinden und gehirngerecht arbeiten

Kreativ zu schreiben, impliziert ein Ziel. Darüber hinaus brauchst du einen freien Kopf, indem du dir zunächst allen Frust, Wut, Hass und andere intensive Gefühle von der Seele schreibst; indem du Dinge, Gedanken und Gefühle über Bord wirfst und loslässt. Passe Prozesse und Routinen an. Warum steht dies im Kapitel über Schreibblockaden? Auch dadurch blockiert man das Schreiben. An dieser Stelle sollten diverse Tipps gegen Schreibblockaden folgen. Sie sind der Corona-Pandemie zum Opfer gefallen und werden nachgeholt. Als Essenz bleibt zu sagen: **Werde kreativ: Komme vom Problem zur Lösung. Sei Gestalter, statt Opfer.**

Versuche, zu entspannen. Denke an etwas anderes. Selbst kreativ zu werden bedeutet, das Gehirn auf Höchstleistung zu bringen. Vielleicht inspiriert dich die Arche Noah? Setze dein Segel als Flow. Die Grafik „Piratenschiff mit Segel" findest du als Vorlage zum Download unter http://www.springer.com/9783658307240.

Das klappt nicht zu jedem Zeitpunkt? Sorge dich nicht, lebe (Carnegie 2011). Was könnte schlimmstenfalls passieren? Denke an Paretos 80:20-Regel. Lass großzügig los. Etabliere Rituale und Routinen, um das Loslassen möglichst mit allen Sinnen zu zelebrieren. Die Anforderungen der modernen technisierten Welt entsprechen nicht (mehr) der

Funktionsweise des Gehirns (Dietrich 2014). Wir überfordern die Ressourcen. Es verfügt über immense Verarbeitungskapazitäten. Für die Verarbeitung von Routinen sind die Basalganglien verantwortlich. Dietrich (2014) hat fünf Leitsätze für gehirngerechtes Arbeiten formuliert:

1. Konzentration auf das Hier und Jetzt
2. Vermeiden von Störungen und Unterbrechungen
3. Kopf frei
4. Lösungsorientierung
5. ohne Qual.

Wenn wir diese Leitsätze beachten, ist die Wahrscheinlichkeit groß, dass sich eine Schreibblockade in Luft auflöst.

Mit positiven Gefühlen lernen, mit allen Sinnen genießen und Wissen verankern

Im Neurolinguistischen Programmieren, kurz NLP, gibt es diverse Techniken, mit denen man positive Gefühle und Erinnerungen abrufen kann. Verknüpfst du diese mit Aktivitäten, ergibt sich der Effekt einer Konditionierung wie bei Pawlows Hund. Ich habe positive Erinnerungen und Gefühle mit Bildern, Geschmack, Geruch und Musik verknüpft, und mir dafür Anker gesetzt. So kann ich mir immer, wenn ich ein bestimmtes Lied höre oder einen Tee bzw. Geruch rieche, positive Gefühle und eine tiefe intrinsische Motivation in mir abrufen. Wenn du mehr dazu wissen möchtest ...

Werde kreativ und recherchiere

- Neurolinguistisches Programmieren (NLP) und Ankern, Moment of Excellence bzw. klassische Konditionierung (Pawlows Hund).

5.6   Speed Reading/Schnelllesen

Werde kreativ und ändere deinen Fokus

Verschaffe dir einen Überblick über Speed Reading/Schnelllesen. Falls du dich nun fragst, wozu das gut sein soll: Es verändert deinen Fokus und richtet deinen Blick auf das Wesentliche bzw. auch auf bestimmte Schlagworte in Texten. Notiere, was du dir davon versprichst, zügig Inhalte aus Quellen aufzunehmen. Prüfe kritisch, ob sich deine Wünsche mit dieser Technik erfüllen.

Literatur

Carnegie D (2011) Sorge dich nicht – lebe!: Die Kunst, zu einem von Ängsten und Aufregungen befreiten Leben zu finden, überarb. Ausg. nach der rev. amerikan. Fassung von 1984. Fischer-Taschenbuch-Verlag, Frankfurt am Main

Dietrich J (2014) Gehirngerechtes Arbeiten und beruflicher Erfolg, Bd IX. Springer Verlagsgruppe, Wiesbaden, S 9, 26

Lehmann S (2020) Anti-Stress-Trainer für Fernstudierende. Springer Verlagsgruppe, Wiesbaden, S X

6

Fata Morgana? Gestörte Wahrnehmung und andere Besonderheiten

Was charakterisiert Leistungsträger? Nach Eberspächer (2011) sind Top-Leister in der Lage, Gedanken zu regulieren, mit inneren Bildern zu arbeiten, Selbstbewusstsein auszustrahlen und gute Routinen zu etablieren. Sie bewegen sich im Kontext zwischen eigenen und fremden Ansprüchen, Konsequenzen sowie mentaler Beanspruchung und Anforderungen. Handeln ohne zu bewerten durch Routinen, Automatismen, Gewohnheiten und Flow beinhaltet viele positive Aspekte, hat aber klare Nachteile: Man erledigt energiesparend etwas, ohne zu denken, stellt eingeschliffene Abläufe nicht mehr infrage und verschließt sich so ggf. gegenüber Neuem und dem Fortschritt. Buzan schreibt, dass sich Erinnerungen bei jedem Abruf aus dem Gedächtnis leicht verändern. Erinnerungen sind mit Emotionen verbunden. Damasio nennt dies Konvergenzzonen (Buzan 2009). Eysenck vertritt die These, dass durch die Beherrschung einfacher Mnemotechniken die Beeinflussung geistiger Prozesse möglich ist.

© Der/die Herausgeber bzw. der/die Autor(en), exklusiv lizenziert durch **79** Springer Fachmedien Wiesbaden GmbH, ein Teil von Springer Nature 2020
S. Lehmann, *Übungsbuch zum Anti-Stress-Trainer für Fernstudierende*, Anti-Stress-Trainer, https://doi.org/10.1007/978-3-658-30725-7_6

Ihr Gehirn merkt sich Dinge am besten, wenn sie bedeutungsvoll sind. (Buzan 2009, S. 64)

Buzan (2009) zufolge verbessert sich die Kreativität, wenn man mit Übertreibung, Humor, seinen Sinnen, Farben, Mustern, mit Rhythmus/Musik/Bewegung sowie Bildern arbeitet. Ich habe die Liste spezifiziert/ergänzt. Nutze folgende Anhaltspunkte als Inspirationen und verändere deine Welt:

Werde kreativ: Lass dich vielfältig inspirieren und verändere deine Welt

- Dinge, z. B. Spielzeug, Alltagsgegenstände, Lebensmittel usw.
- Orte und Wegstrecke (Loci-Methode)
- Sport/Bewegung
- Gefühle/Emotionen sowie freies Schreiben/Assoziieren und Clustern
- Malen und künstlerisches Gestalten

Stress engt die Wahrnehmung ein. Nutze Selbstcoaching. Finde aus der Einengung zur persönlichen Selbstentfaltung. Wer seine Sprache ändert, Worte bewusst wählt, kraftvolle Gedanken hegt und Wert auf ein ansprechendes, positives Erscheinungsbild legst, merkt, wie man sich zügig aus einengenden Grübeleien befreit. Hast du das Gefühl, es ist dir nicht mehr möglich, aus dem Dickicht zu kommen, hole dir Hilfe.

6.1 Vom Perfektionismus zu Pareto

Die 80:20-Regel beschreibt nicht nur Pareto, sondern u. a. auch Koch et al. (2008). Wie findest du vom Perfektionismus zu Pareto oder gar zum Minimalismus?

Werde kreativ und gewinne verblüffende Erkenntnisse

- Schreibe mindestens 10 Punkte auf, bei denen du dich von deinem Perfektionismus löst und nur noch 80 oder gar 60, 40 oder 20 Prozent Einsatz zeigst.
- Schaue genau, wann solche Einsparungen für dich mit wenigen Nachteilen verbunden sind.

6.2   Hochbegabung und Hochsensibilität als Geschenk

Brackmann (2008) spricht von Passung. Sie meint damit, dass Menschen, die ihre vorhandenen Potenziale nicht zur Geltung bringen, überschüssiges Energiepotenzial haben, was anderweitig entladen oder gedämpft werden muss. Wer nicht genügend Passung hat, richtet, so Brackmann, die Energie evtl. gegen sich selbst oder andere. Es kommt ggf. zu Reizbarkeit, Depression, Ängsten, Aggressivität, Fingernägel-Knabbern oder psychosomatischen Schmerzen usw. Einige bekommen ihren inneren Drang nur durch Medienkonsum, Drogen, Zigaretten oder gestörtes Essverhalten wie z. B. übermäßige Nahrungsaufnahme unter Kontrolle. Wer mehr denkt, mehr fühlt und mehr wahrnimmt, so Brackmann, dem ist ggf. wohler, wenn die eigene Zeit allein in friedlicher Umgebung zu verbringen. Um zufrieden zu sein, ist es notwendig, etwas zu tun. Handele, statt in Perfektionismus zu erstarren, stell dich mutig Herausforderungen und kalkuliere dabei Fehler ein bzw. lerne zu versagen. Wer zu viele Ideen, zu viel Papier und sonstige Materialien hat, kann nach der Chaosmethode von Brackmann (2008) arbeiten. Vereinfacht formuliert: Lass dich vom Durcheinander treiben und fange unter Zeitdruck mit irgendetwas aus der ganzen Fülle an. Wenn du dabei in kleinen Etappen etwas für dich tun möchtest, plane dir die Zeitfenster dafür ggf. vor der eigentlichen Arbeit (Job), in den Pausen oder nach deinem Job als kurze Lernetappen ein. Wenn du dazu stehst, dass du anders bist, weißt, wie du tickst und keine Angst mehr vor Ablehnung hast, ergeben sich neue Möglichkeiten. Erkenne an, dass Hochbegabung kein krankhaftes psychisches Störungsbild ist, auch wenn du ggf. ständig aneckst. Betrachte es, wie es ist: als wunderbares Geschenk an dich.

6.3   Scanner-Mentalität nach Barbara Sher

Bevor du unter einer Fülle schier unendlicher Möglichkeiten ins Chaos verfällst, überlege bitte, wie du damit sinnvoll umgehst. Bist du ein Scanner (Sher 2008)? Es gibt Menschen, die tausend Träume haben, alles anfangen, nicht lange dranbleiben und immer wieder Lust auf etwas Neues haben. Einige von denen haben ggf. AD(H)S oder leiden unter Prokrastination o. Ä. Frag im Zweifelsfall einen Arzt bzw. Therapeuten. Viele Scanner sind nur vielseitig interessiert, lieben neue Herausforderungen und haben mehr als ausreichend Ideen für ein Dutzend Erdenleben. Und dann? Rüste dich entsprechend aus. Nimm dein „Schicksal" als gegeben an. Lebe ggf. nebeneinander mehrere Leben, ohne dich dabei zu überfordern, so, wie es dir gefällt. Vergiss – zumindest in Teilen – deine „gute Erziehung". Sei du selbst. Natürlich ist es nicht ratsam, andere durch egoistisches bzw. egozentrisches Verhalten vor den Kopf zu stoßen. Nein, das habe ich nicht gemeint. Erlaube dir, ein Leben nach deinen Vorstellungen und Ideen zu gestalten. Vielleicht wird es zur Gratwanderung, wenn du lange nur Wünsche der Menschen um dich herum erfüllt bzw. befriedigt und (fast) alles erledigt hast, was andere von dir verlangt haben oder was du glaubtest, dass sie es von dir erwarten. Jetzt ist es Zeit, deine Persönlichkeit und Kreativität endlich auszuleben. Widme dich ggf. Altlasten und entscheide, was du davon erledigen musst, z. B. weil es Fallaufgaben sind, die zum Studium gehören bzw. was du gerne machst, auch wenn dir momentan dafür die Zeit fehlt oder was du lieber der Rundablage (Papierkorb) zuführst. Bist du ein Scanner? Viele Ordner oder Boxen, in die du deine vielfältigen Ideen ordentlich ablegst, helfen, genau das Projekt hervorzuholen, wozu du in dem Moment für ein konkretes Zeitfenster Lust hast. Und wenn du damit fertig bist? Dann stelle die Sachen zurück ins Regal. Hast du das Projekt abgeschlossen, dann prüfe, ob du die Box bzw. den Ordner auflösen magst und nur dein Ergebnis, statt das gesamte Recherchematerial, aufhebst.

Werde kreativ, ziehe Bilanz und notiere die nächsten Schritte

- Notiere alle angefangenen, aber noch nicht vollendeten Aufgaben in deinem Fernstudium.
- Um einen besseren Überblick zu haben, trage zunächst alle Prüfungshefte zusammen. Nutze ggf. Ordner oder Boxen, wie Barbara Sher es für Scanner vorschlägt.
- Fehlt dir nur noch eine Kleinigkeit, um die Bearbeitung abzuschließen? Ist die Fallaufgabe sonst fertig? Bitte notiere die Punkte, die noch fehlen, um deine Aufgabe abzuschließen und einzusenden,

6.4 Physiologische Besonderheiten mit und ohne Krankheitswert

Manche Fernstudierende haben den Eindruck, dass etwas mit ihnen nicht stimmen würde. Ggf. kommen physiologische Besonderheiten mit und ohne Krankheitswert zum Tragen. Werde bei Bedarf selbst aktiv. Hier werden nur Stichworte gegeben. Sinn dieses Vorgehens ist, die eigene Kreativität anzuregen und bei der Recherche autodidaktisch auf Besonderheiten zu stoßen, um die mögliche Tragweite selbst festzustellen. Zunächst sollte es zu jeder Besonderheit ein eigenes Unterkapitel geben. Seit der Corona-Pandemie wurde mir klar, dass es egal ist, auf welche Weise jemand anders ist als andere. Wichtig ist nur, sich individuell selbst sehr gut zu kennen, um das Bestmögliche aus seiner Lage zu machen. Also weg mit den einzelnen Unterkapiteln: Ob hochsensibel, hochbegabt, mit oder ohne AD(H)S, Narzisst, Perfektionist oder Autist usw.:

Werde kreativ und widme dich deinen Themen

Recherchiere Hochsensibilität, Hochbegabung, AD(H)S, Narzissmus, Perfektionismus bzw. Autismus. Was steckt dahinter? Was trifft ggf. davon auf dich zu? Diese Auflistung bietet einen Anhaltspunkt; sie hat keinen Anspruch, jede Besonderheit/Individualität des Menschen abzudecken.

6.5   Prokrastination

In Ergänzung zu Höcker et al. (2017) führen folgende Ideen zum Erfolg gegen Prokrastination:

* Pünktlicher Start nach eigenem realistischem Zeitplan
* Ausgangsbasis sind eine persönliche Lebensvision, SMARTE Ziele und ein Masterplan
* Als Hilfsmittel dient die Analyse eigener Tagebuchaufzeichnungen sowie Auswertung von Messenger-Nachrichten bzw. E-Mails an Freunde usw., mit denen Sie ggf. täglich bzw. oft kommunizieren.

Die eigene Lebensvision bzw. der Masterplan basiert auf folgenden Bausteinen (in Anlehnung an Höcker et al.

(2017) bzw. Ideen von Stephen R. Covey, Barbara Sher und anderen Erfolgstrainern):

* Ideen zusammentragen
* Hauptziele definieren
* Teilziele auflisten
* Gewichtung finden
* Zeitaufteilung auf die Teilziele

Es ist notwendig, einengende Verhaltensmuster bzw. Glaubenssätze systematisch aufzuspüren und infrage zu stellen. Mögliche Fragen hierzu:

* Die Hausarbeit bereitet mir Frust, weil (…)
* Gedanken an die Klausur bereiten mir Unbehagen bzw. Angst, weil (…)
* Ich schiebe folgende Aufgaben vor mir her: (…)
* Gründe dafür sind: (…)
* Stattdessen widme ich mich lieber (…)
* Ausreden bzw. vorgeschobene Gründe dafür sind (…)
* Folgende intrinsische Beweggründe bzw. konkurrierende Ziele hindern mich daran, an o. g. Aufgaben dranzubleiben: (…)
* Folgende Emotionen empfinde ich in dem Zusammenhang: (…)
* Diese Gedanken kommen in mir hoch: (…)
* Ich erkenne, dass ich folgende Gedanken bzw. Emotionen schön länger habe:
* Seit wann? In welchen früheren Situationen konkret?
* Wann haben sich diese oder ähnliche Gedanken bzw. Emotionen bereits in der frühen Kindheit gezeigt?
* Welche positiven Effekte verbinde ich mit meinem Aufschiebeverhalten?

* Welche Nachteile bekomme ich zu spüren bzw. werde ich zu einem späteren Zeitpunkt feststellen, zu dem ich mir dann Vorwürfe mache wie „Hätte ich doch schon früher XXX getan, dann (…)"
* Was glaube ich nicht zu schaffen?
* Was bereitet mir Stress bzw. Druck?
* Was löst bei mir gar körperliche Beschwerden bzw. Reaktionen aus? Gemeint sind z. B. unspezifische Kopf-, Nacken- oder Rückenschmerzen, Magendruck, Durchfall, Übelkeit bis hin zum Erbrechen, Herzrasen, Schwitzen usw.
* Stimmt das, was ich denke bzw. fühle?
* Ist es hilfreich bzw. nützlich für mich bzw. für die Sache?
* Welche Alternativen gibt es? Welche Möglichkeiten kommen infrage?
* Wie sieht mein Plan B aus? Habe ich auch einen Plan C?
* Wer ist in der Lage, mir zu helfen? Wen bitte ich um Unterstützung?

Möglichkeiten, dich zum Handeln zu motivieren:

* Auch wenn (…), ich starte trotzdem mit folgendem kleinen Schritt:
* Ich ärgere mich tierisch über (…) Es nützt nichts, ich kann den anderen nicht ändern. Deshalb starte ich trotzdem bzw. erst recht mit folgendem ersten Schritt: (…)
* Ich habe noch keinen konkreten bzw. ausgefeilten Plan. Deshalb unternehme ich folgenden ersten Schritt: (…)
* Eigentlich möchte ich jetzt lieber XXX, aber (…)
* Will ich das wirklich schaffen? Dann starte ich jetzt mit (…)
* Was wären Alternativen?
* Wo kann ich etwas optimieren? Nicht perfektionieren!
* Womit bin ich unzufrieden?

* Welche Ideen habe ich, aus denen ich Ziele formulieren möchte?
* Wer bzw. was bzw. welche Umstände hindern mich daran?

Du wirst niemals scheitern, außer Du hörst auf es zu versuchen. (Albert Einstein)

6.6 Informationsflut bewältigen

Hast du gelegentlich das Gefühl, dass dir etliches zu viel wird? Ggf. klingt es etwas esoterisch, doch hin und wieder hilft es, sich von emotionalen, materiellen und vielen anderen Gedanken, Glaubenssätzen, Altlasten, Dingen und ggf. auch Menschen zu trennen. Miste aus und schaffe im Inneren und Äußeren Ordnung. Nach Pressfield hindern uns unsere inneren Widerstände daran, unsere angeborenen Talente auszuschöpfen. „Innere Widerstände verhalten sich direkt proportional zur Liebe" (Pressfield 2003, S. 61). Je massiver der Widerstand, desto wichtiger erscheint es mir, mein Ziel bzw. ein Projekt anzugehen. Dabei helfen realistische Zeitpläne, Geduld und Belohnungen. Daneben gibt es Rechtfertigungen und Ausreden, die wir verkaufsstrategisch vorschieben. Hinter inneren Widerständen verstecken sich Ängste, die überwunden werden können, indem wir etwas trotzdem bzw. jetzt erst recht tun (Pressfield 2003).

Wie unterscheiden sich Profis von Amateuren? Möchte ich Spaß oder will ich gewinnen? Nach Pressfield liebt ein Amateur sein Spiel nicht genug, sonst hätte es einen höheren Stellenwert und würde professionalisiert. Profis verlangen Geld, gehen täglich – auch unter widrigen Umständen – ihrer Profession nach, haben festgelegte Zeitfenster, zeigen körperliche Präsenz und verpflichten sich langfristig. Ein Profi braucht darüber hinaus auch Ordnung, um sich auf sein Tun zu konzentrieren, egal was kommt. Er sucht sich die besten Lehrer, bittet um Hilfe, pflegt sein eigenes Handwerkszeug, stellt sich den äußeren, teils widrigen Umständen und wappnet sich täglich aufs Neue gegen Eigensabotage, stellt sich der Verantwortung und nimmt Zurückweisungen nicht persönlich.

Kreativ zu arbeiten ist kein Zeichen von Egoismus oder Geltungssucht, sondern ein Geschenk an die Welt (…). Steven Pressfield (2003, S. 61)

Literatur

Brackmann A (2008) Ganz normal hochbegabt: Leben als hochbegabter Erwachsener, 3. Aufl. Klett-Cotta, Stuttgart, S 18, 19, 21, 161–165

Buzan T (2009)) Gedächtnis ohne Grenzen: Schärfer denken, besser merken, länger erinnern [mit 7-Tage-Powerplan, vollst. Taschenbuchausg]. Goldmann, München, S 50, 51, 64, 88–89, 153, 330–331

Eberspächer H (2011) Gut sein, wenn's drauf ankommt: Von Top-Leistern lernen, 3., überarb. Aufl. Hanser, München, S 27–30

Höcker A, Engberding M, Rist F (2017) Prokrastination: Ein Manual zur Behandlung des pathologischen Aufschiebens, 2., ak. u. erg. Aufl. Hogrefe, Göttingen, S 65, 70

Koch R, Mader F, Schöbitz B (2008) Das 80/20 Prinzip: Mehr Erfolg mit weniger Aufwand, 3., ak. Aufl. Campus, Frankfurt am Main

Pressfield S (2003) Morgen fange ich an … warum nicht heute?: Überwinden Sie Ihre inneren Widerstände. Ariston. Hugendubel, Kreuzlingen, München

Sher B (2008) Du musst dich nicht entscheiden, wenn du tausend Träume hast. dtv, München

7

SOS – Notsituation erkennen, um Hilfe bitten und Veränderungen annehmen

Professionelle Hilfe anzunehmen, ist ein Zeichen von Mut und Stärke. An dieser Stelle sollten eigentlich Abschnitte folgen, wie du mit einem erlittenen Schiffbruch umgehst, dich aus dem kalten Wasser rettest bzw. dir dabei helfen lässt. Die Corona-Pandemie 2020 sorgte jedoch für spontane Planänderungen. Was an dieser Stelle bleibt, ist die Essenz. Dem Schiffbruch in einer OpenBook-Klausur vorbeugen? Spontane Planänderung? „Manchmal ist es so", so sagt man bei uns in Ostwestfalen. Du hast keine andere Wahl und musst dich den Veränderungen des Lebens stellen. Nimm die Herausforderungen an, die dein Leben dir bietet. Je früher, desto besser.

In einem Interview mit Professor Harald Rau hat er mich gefragt, ob Veränderungen schnell gehen können. Oft schiebt man Entscheidungen oder andere Dinge z. B. aus Angst auf. Aber manchmal gehen Veränderungen ganz schön schnell, manchmal auch viel schneller, als man es selbst zuvor für möglich gehalten hätte. Probleme können

© Der/die Herausgeber bzw. der/die Autor(en), exklusiv lizenziert durch **89**
Springer Fachmedien Wiesbaden GmbH, ein Teil von
Springer Nature 2020
S. Lehmann, *Übungsbuch zum Anti-Stress-Trainer für Fernstudierende*,
Anti-Stress-Trainer, https://doi.org/10.1007/978-3-658-30725-7_7

sich durch neue Sichtweisen manchmal auch in Luft auflösen. Darüber hinaus gilt für mich:

> Kreativität und Neues zu lernen sind die besten Mittel ge-
> gen das Burn-out-Syndrom. (Sher 2008, S. 92–93)

Die Hochschule, an der ich studiere, hat sich im Mai
2020 für sogenannte OpenBook-Klausuren entschieden.
Andere nennen es Kofferklausuren. Du schreibst zu Hause
an deinem PC, statt in einem Hörsaal auf Papier. Zu einer
vereinbarten Zeit kommt ein Word-Dokument per E-Mail
mit Fragen, die einer Fallaufgabe ähneln. 180 Minuten stehen zur Verfügung. Prima? Vielleicht. Während ich mich in
Präsenzklausuren zum Ende hin oft gelangweilt habe, weil
ich den Hörsaal nicht vorzeitig verlassen durfte, habe ich
zwei OpenBook-Klausuren quasi im Akkord, also unter
enormem Zeitdruck geschrieben. Nachdenken? Nein. Run-
terschreiben, was ich wusste. Spicken? Vielleicht mit
Telefonjoker? Fehlanzeige. Dafür war die Zeit zu knapp.
Wer schreibt, der bleibt? In diesem Fall ja, möglichst ohne
Blackout und idealerweise im Flow, sonst wäre es nicht zu
schaffen gewesen.

* Verloren haben diejenigen, die mit der Technik und For-
  matierung zu kämpfen hatten.
* Verloren haben diejenigen, die unsicher in Zeichenset-
  zung, Grammatik und Rechtschreibung sind. Nochmal
  drüberlesen? Definitiv keine Zeit.
* Verloren haben auch alle, die ohne Literaturverwaltungs-
  programm arbeiten. Zwar wurde auf Punktabzug für den
  nicht korrekten Zitierstil verzichtet, doch ohne mein gut
  gepflegtes Citavi hätte ich nicht alle Fragen beantworten können.
* Verloren haben Studierende, die sich selbst schlecht organisieren.

* Und verloren haben definitiv alle, die im Umgang mit dem PC keine Routine haben. Bitte denkt daran, das Dokument zunächst herunterzuladen, unter dem korrekten Namen sowie um Matrikelnummer und Nachnamen ergänzt an einem sicheren Ort wie in einer Cloud zu speichern und die automatische Speicherung zur Datensicherung einzuschalten. Warum? Strom weg heißt durchgefallen. Denn dieser Verlust verursacht nicht nur Stress, sondern der Verlust von Zeilen könnte niemals wieder aufgeholt werden.

Alle angesprochenen notwendigen Fähigkeiten gehören zum Studium generale, auch wenn dir das ggf. noch nicht so klar war. In Zeiten von Corona vollziehen sich Veränderungen von jetzt auf gleich. Ob nun Shutdown am 16.03.2020 mit geschlossenen Unibibliotheken oder Open-Book-Klausurpremiere ab 16.05.2020: Packt es an und nutzt eure Chancen, statt an Veränderungen zu zerbrechen. Aus der Not wurde schon oft eine Tugend. Werde ein Pionier. Bitte suche dir Unterstützung, wenn du das Gefühl hast, dass du allein nicht weiterkommst. Ein Leben im Hier und Jetzt, wie es Eckhart Tolle (2014) beschreibt, bekommt für mich eine neue Bedeutung.

Übernimm die Verantwortung für dich selbst

Werde kreativ

Notiere folgenden Satz oder eine ähnliche Formulierung, die dir entspricht, am besten in großen, klaren Buchstaben, gerne in schillernden Farben, wie auf einem Werbeplakat:

Ich, (Vorname und Nachname), bin der wichtigste Mensch in meinem Leben. Ich kümmere mich ab sofort um mich selbst, wie ich mich um einen lieben Freund sorgen würde.

Zum Ende ein Zitat eines Arztes, das sich für mich zum Lebensmotto etabliert hat.

Es gibt immer noch mindestens einen anderen Weg. (Dr. Alexander S. Strassburg)

Liebe Fernstudierende: Los geht es! Folgt diesem Leitsatz bzw. findet eigene kreative Wege und euer persönliches Motto. Wann immer du das Gefühl hast, nicht weiterzukommen, vertraue darauf, dass es irgendwo wunderbare Menschen gibt, die dich unterstützen – auch dann, wenn du den Glauben daran schon (fast) aufgegeben hast. Mache es wie Thomas Edison und probiere so lange, bis deine Glühbirne erleuchtet. Wecke die Veränderungskreativität© in dir. Sie ist für mich der Schlüssel zum persönlichen Wachstum, zu Gesundheit, Glück und Zufriedenheit im Leben.

Sich selbst zu achten, heißt, mit sich eine heimliche Liebesaffäre zu haben. (Wayne Dyer, zitiert nach Wolf und Merkle 1993, S. 50)

Literatur

Sher B (2008) Du musst dich nicht entscheiden, wenn du tausend Träume hast. dtv, München

Tolle E (2014) Leben im Jetzt: Das Praxisbuch. Goldmann, München

Wolf D, Merkle R (1993) Gefühle verstehen, Probleme bewältigen: Eine Gebrauchsanleitung für Gefühle, 10. Aufl. PAL, Mannheim, S 50

Stichwortverzeichnis

© Der/die Herausgeber bzw. der/die Autor(en), exklusiv lizenziert durch
Springer Fachmedien Wiesbaden GmbH, ein Teil von
Springer Nature 2020
S. Lehmann, *Übungsbuch zum Anti-Stress-Trainer für Fernstudierende*,
Anti-Stress-Trainer, https://doi.org/10.1007/978-3-658-30725-7